LE CHAPEAU DU SORCIER

Retrouvez dans la même collection

MOUMINE le troll

dans L'été dramatique de Moumine

L'édition originale de ce livre a été publiée en Finlande
sous le titre *Trollkarlens Hatt*.

Conforme à la loi n° 49956 du 16 juillet 1949
sur les publications destinées à la jeunesse.
ISBN : 2-09-250776-1

MOUMINE
le troll

LE CHAPEAU DU SORCIER

Texte et illustrations de Tove Jansson
Adaptation de Marie-Ange Guillaume
et Cecilia Monteux

Nathan

Ile des Hatifnattes
NO
NE
O
E
SO
SE
S
Collines Sauvages
La Grotte
Lilas
Remise
Jasmin
Plantes de tabac
la Véranda
Salon
Chambre de l'Émule
Chambre du Rat Musqué
Zambre de Zotte et Zézette
Cuisine
Bain
Rez-de-chaussée
Premier étage
Chambre de Maman
Chambre en trop
Chambre de Papa
débarras
débarras
Chambre de Snif
Chambre du Renacleur et de Moumine
frère et sœur Snorque
Invités
Tove
Carte de la Vallée des Moumine

PROLOGUE

Par un matin gris, la neige arriva sur la vallée des Moumine. Elle tombait doucement, silencieusement, et en quelques heures, tout devint blanc.

Sur le pas de la porte, Moumine le Troll regardait la vallée s'envelopper pour l'hiver, et il se dit tranquillement : « Ce soir, on hiberne. C'est ce que font tous les Moumine un jour de novembre. » (Ce qui est plutôt raisonnable, quand on n'aime pas l'obscurité, ni le froid.)

Il referma la porte et trottina vers sa maman.

– La neige est arrivée !

– Je sais, dit maman Moumine. J'ai déjà mis les couettes sur les lits. Tu dormiras là-haut dans la chambre de gauche avec ton copain Snif.

– Ah non alors ! Snif, il ronfle ! Je ne peux pas dormir avec le Renaclerican ?

– Si tu veux, dit maman Moumine. Snif dormira dans la chambre de droite.

Les Moumine et leurs amis se préparaient pour affronter l'interminable hiver, et c'était toute une cérémonie. La maman de Moumine mit le couvert sur la table de la véranda, avec seulement des aiguilles de pin dans les bols. (Il faut toujours avoir le ventre plein d'aiguilles de pin, quand on dort pendant trois mois.) Après le dîner (pas très bon, il faut le dire), ils se souhaitèrent une bonne nuit un peu plus sérieusement que d'habitude, et maman Moumine dit à tout le monde de bien se laver les dents. Papa Moumine fit le tour de la maison pour fermer toutes les portes et tous les volets, et il posa une moustiquaire sur le lustre, à cause de la poussière.

Après, ils montèrent se coucher et s'enfouirent douillettement sous leur couette remontée jusqu'aux oreilles, tout en pensant à des choses agréables.

Sauf Moumine, qui rouspétait un peu :

– Quand même, on perd du temps ! dit-il.

– Mais non ! dit le Renaclerican. On rêve, et quand on se réveille, c'est le printemps…

– Mmm… oui… marmonna Moumine, qui sombrait déjà dans la brume des rêves.

Dehors, la neige continuait de tomber à petits flocons serrés. Elle avait déjà recouvert les marches de devant, et elle pesait lourd sur les toits et les rebords des fenêtres. Bientôt, la maison des Moumine ne serait plus qu'une grosse bosse blanche, et bientôt, les pendules arrêteraient leur tic-tac.

L'hiver était là.

1

Où l'on voit comment Moumine, le Renaclerican et Snif trouvèrent le chapeau du Sorcier, comment cinq petits nuages apparurent sans prévenir, et comment l'Émule se découvrit un nouveau passe-temps.

Un matin de printemps sur le coup de quatre heures, le premier coucou survola la vallée des Moumine. Il se posa sur le toit de leur maison bleue et chanta huit fois. Évidemment, comme c'était juste le début du printemps, il était un peu enroué.

Puis il s'envola vers l'est.

Moumine se réveilla et resta un bon moment à regarder le plafond. Il ne savait plus où il était. Il avait dormi cent jours et cent nuits, et il était encore tout barbouillé de rêves qui essayaient de le replonger dans le sommeil. Il se retourna pour trouver une position confortable et se rendormir, mais quelque chose le réveilla pour de bon. Le lit du Renaclerican était vide.

Moumine se redressa dans son lit.

Le chapeau du Renaclerican avait disparu aussi.

– Ça alors ! dit Moumine.

Il trottina jusqu'à la fenêtre ouverte et se pencha dehors. C'était bien ce qu'il pensait : le Renaclerican avait utilisé l'échelle de corde. Moumine escalada le rebord de la fenêtre et descendit tout doucement, à cause de ses toutes petites pattes.

Le Renaclerican avait laissé des traces sur la terre mouillée, mais elles partaient dans tous les sens et c'était plutôt difficile de les suivre. Parfois, elles faisaient de grands bonds, et parfois elles revenaient sur elles-mêmes. « Il était content, pensa Moumine. Ici, il a même fait une galipette, ça se voit. »

Soudain, Moumine leva le museau et écouta. Au loin, le Renaclerican jouait de l'harmonica, et c'était son air le plus joyeux : *Tous les petits animaux font un nœud avec leur queue*. Moumine courut droit vers la musique.

En bas, près de la rivière, il trouva le Renaclerican assis sur la barrière du petit pont. Il balançait ses jambes au-dessus de l'eau, son vieux chapeau enfoncé sur les oreilles.

– Salut, dit Moumine en s'asseyant à côté de lui.

– Salut toi, dit le Renaclerican.

Puis il se remit à jouer.

Le soleil venait juste de passer par-dessus les sapins et ils étaient tout éblouis. Ils clignaient des yeux en balançant les pieds au-dessus de la rivière qui scintillait entre les pierres. Ils se sentaient insouciants et complices.

Ils avaient souvent navigué sur cette rivière, et elle les avait menés vers de bien étranges aventures. À chaque voyage, ils s'étaient fait de nouveaux amis qu'ils avaient ramenés chez eux, dans la vallée des Moumine. Le papa et la maman Moumine accueillaient tous ces nouveaux amis avec le plus grand calme. Simplement, ils installaient quelques lits supplémentaires et agrandissaient un peu la table. Voilà comment la maison des Moumine était devenue une maison pleine de vie, où chacun faisait ce qui lui plaisait, sans trop penser au lendemain. Évidemment, il arrivait parfois des choses terribles et bouleversantes, mais personne ne s'ennuyait jamais, et c'était l'essentiel.

Quand le Renaclerican eut fini sa musique de printemps, il remit l'harmonica dans sa poche et demanda :

– Snif est réveillé ?

– Ça m'étonnerait, dit Moumine. Il dort toujours une semaine de plus que les autres.

– Alors on va le réveiller, dit le Renaclerican en sautant de la barrière d'un air décidé. Il faut qu'on fasse quelque chose d'exceptionnel, aujourd'hui. Ça va être une belle journée, je le sens.

Sous la fenêtre de la chambre de droite, Moumine envoya un signal en utilisant le code secret : trois sifflements ordinaires, suivis d'un long à travers les pattes – ce qui veut dire : « Il va se passer des choses. » Snif arrêta de ronfler, mais rien ne bougea.

– Encore une fois ! dit le Renaclerican.

Et ils envoyèrent le signal deux fois plus fort.

La fenêtre s'ouvrit d'un coup.

– Je dors ! cria Snif, furieux.

– Te fâche pas, dit le Renaclerican. Descends, on va faire quelque chose de spécial !

Alors Snif dressa ses oreilles toutes fripées de sommeil et descendit par l'échelle de corde. (Ils avaient des échelles de corde à toutes les fenêtres, parce que c'est trop long de prendre les escaliers.)

La journée s'annonçait vraiment belle. Le sol grouillait de petites bêtes mal réveillées, qui avaient dormi tout l'hiver et couraient partout pour se repérer dans le nouveau paysage. On aérait les vêtements, on se brossait les moustaches, on réparait les maisons, on faisait tout ce qu'il fallait pour se préparer au nouveau printemps.

Parfois, Moumine et le Renaclerican s'arrêtaient pour regarder une maison en chantier, ou écouter une dispute. (Il y a pas mal de disputes, au début du printemps. Les petites bêtes sont souvent de mauvaise humeur, quand elles sortent de leur trou après une si longue nuit.)

Assis sur des branches, les elfes des arbres démêlaient leurs longs cheveux, et dans les petits tas de neige accumulée au nord des troncs, des souriceaux et des minuscules bestioles creusaient des tunnels.

– Joyeux printemps ! dit un Monsieur Couleuvre d'un certain âge. Comment s'est passé l'hiver ?

– Bien, merci, répondit Moumine. Et vous, Monsieur, vous avez bien dormi ?

– Parfaitement, dit le Monsieur Couleuvre. Mes amitiés à ton papa et à ta maman !

Voilà comment Moumine et le Renaclerican parlaient avec tous les gens qu'ils rencontraient. Mais plus ils montaient sur la colline, moins ils en rencontraient. À la fin, il n'y avait plus que deux ou trois souris en train de s'énerver sur leur ménage de printemps.

Tout dégoulinait de partout.

– Beurk, c'est pas agréable, dit Moumine en pataugeant dans la neige fondue. C'est pas bon pour un Moumine, toute cette neige. Maman me l'a dit.

Et il éternua.

– Hé ! Moumine, j'ai une idée, dit le Renaclerican. On va grimper jusqu'au sommet et faire un petit tas de pierres, pour montrer que personne n'est venu avant nous !

– On y va ! cria Snif en partant comme une flèche pour arriver le premier.

En haut, le vent de printemps sentait bon la liberté et, tout autour, l'horizon était bleu. À l'ouest, il y avait la mer. À l'est, la rivière disparaissait entre les Monts Solitaires. Au nord, les forêts dessinaient un grand tapis vert. Au sud, une fumée montait de la cheminée des Moumine, car maman Moumine faisait le café du matin.

Mais Snif ne voyait rien de tout ça. Ce qu'il voyait, c'était un chapeau au sommet de la colline. Un grand haut-de-forme noir.

– Quelqu'un est venu avant nous ! cria Snif.

Moumine prit le chapeau et l'examina.

– Il est très beau, dit-il. Peut-être qu'il t'irait, Rican ?

– Non, non, dit le Renaclerican qui tenait beaucoup à son vieux chapeau vert. Il est bien trop neuf !

« Peut-être que papa le voudra », pensa Moumine.

– On l'emporte ! cria Snif. Maintenant, je veux rentrer. J'ai terriblement envie d'un bon café ! Pas vous ?

– Oh si ! répondirent en chœur Moumine et le Renaclerican.

Voilà comment ils trouvèrent le chapeau du Sorcier et le rapportèrent à la maison – ce qui allait déclencher un tas d'événements étranges, semer la pagaille dans toute la vallée des Moumine et en faire un haut lieu de sorcellerie. Mais ça, ils ne le savaient pas encore.

Quand Moumine, le Renaclerican et Snif entrèrent dans la véranda, les autres avaient déjà pris leur café, et papa Moumine était tout seul, en train de lire son journal.

– Ah ! Vous êtes réveillés aussi, dit-il. C'est bizarre, il n'y a pas grand-chose dans le journal, aujourd'hui. Un ruisseau a débordé et inondé une colonie de fourmis, tout le monde a été sauvé. Le premier coucou du printemps a survolé la vallée à quatre heures ce matin et il a continué vers l'est. (Le coucou de l'Est est un assez bon présage, mais un coucou de l'Ouest aurait mieux valu.)

– Regarde ce qu'on a trouvé, dit Moumine tout fier. Un magnifique haut-de-forme noir pour toi !

Papa Moumine examina le chapeau sur toutes les coutures, puis il se le planta sur la tête devant la glace du salon. Le chapeau était un peu trop grand et lui bouchait la vue, mais l'ensemble faisait de l'effet.

– Maman ! cria Moumine. Viens voir papa !

– Maman Moumine ouvrit la porte de la cuisine et tomba en arrêt, l'air surpris.

– Il me va ? demanda papa Moumine.

– Mmmm… oui… dit la maman. Oui… tu fais très viril… C'est seulement qu'il est un petit peu trop grand, je pense…

– C'est mieux comme ça ? demanda papa Moumine en repoussant le chapeau en arrière.

– Humm… oui… dit maman Moumine. C'est très bien, mais je me demande si tu ne fais pas encore plus digne sans chapeau.

Papa Moumine se regarda dans la glace, de face, de dos et de profil, puis il soupira et posa le chapeau sur la commode.

– Tu as raison, dit-il. Parfois, les ornements sont superflus.

– Ça, c'est vrai. Quand on est beau, on est beau, ajouta gentiment maman Moumine. Reprenez des œufs, les enfants, vous n'avez eu que des aiguilles de pin pendant tout l'hiver !

Et elle retourna à la cuisine.

– Zut alors ! Qu'est-ce qu'on va en faire ? demanda Snif. Un si beau chapeau !

– On peut l'utiliser comme corbeille à papier, dit papa Moumine.

Là-dessus, il se retira au premier étage pour écrire ses Mémoires – le grand livre qui raconte la jeunesse tumultueuse de papa Moumine.

Le Renaclerican posa le chapeau par terre, entre la commode et la porte de la cuisine.

– Ça vous fait un meuble de plus, dit-il en ricanant, car les joies de la propriété le dépassaient complètement.

Il se sentait bien dans le vieux costume qu'il traînait depuis sa naissance, et la seule chose à laquelle il tenait vraiment, c'était son harmonica. (D'ailleurs, où et comment était-il né ? Personne n'en savait rien.)

– Si vous avez fini le petit déjeuner, on va aller voir ce que font les Snorques, dit Moumine.

Mais avant de sortir, il jeta ses coquilles d'œuf dans la corbeille à papier. Car il était (parfois) un Moumine très ordonné.

Tout le monde était parti. Dans le salon, entre la commode et la porte de la cuisine, il ne restait plus que le chapeau du Sorcier avec les coquilles d'œuf au fond. C'est alors qu'arriva une chose vraiment bizarre : les coquilles d'œuf commencèrent à se transformer.

En effet, ce qui reste assez longtemps dans un chapeau de Sorcier finit par se transformer. En quoi ? On ne le sait jamais à l'avance. En tout cas, c'était un sacré coup de chance, que le chapeau n'aille pas au papa Moumine. Sinon, il l'aurait gardé plus longtemps sur la tête, et qu'est-ce qu'il serait devenu ? Seul le grand Schnouf (protecteur de toutes les petites bêtes) le sait. Tandis que là, papa Moumine eut juste une minuscule migraine qui disparut dans l'après-midi.

Mais les coquilles d'œuf, qui étaient restées dans le chapeau, se mirent à changer. Elles étaient toujours blanches, mais elles grossissaient de plus en plus et devenaient toutes molles et cotonneuses. Au bout d'un moment, le chapeau fut plein à ras bord. Alors, cinq petits nuages ronds se détachèrent du chapeau, voguèrent vers la véranda, rebondirent tout doucement sur les marches et s'arrêtèrent en l'air, un peu au-dessus du sol. Le chapeau du Sorcier était vide.

– Ça alors ! dit Moumine.

– Il y a le feu quelque part ? demanda le Snorque inquiet.

Les nuages restaient immobiles, comme s'ils attendaient.

Mademoiselle Snorque tendit prudemment une patte et toucha le premier petit nuage.

– On dirait du coton, dit-elle, étonnée.

Les autres s'approchèrent pour toucher.

– C'est comme un coussin, dit Snif.

Le Renaclerican donna une petite tape à l'un des nuages, qui glissa un peu plus loin et s'arrêta.

– Ils sont à qui ? demanda Snif. Qu'est-ce qu'ils font dans la véranda ?

Moumine hocha la tête.

– Je n'ai jamais rien vu d'aussi bizarre, dit-il. On devrait peut-être aller chercher maman.

– Oh non ! s'écria mademoiselle Snorque. Nous allons les examiner nous-mêmes…

Elle tira un nuage vers le sol et le caressa avec sa patte.

– C'est tout doux ! dit-elle.

En un rien de temps, elle se retrouva assise sur le nuage, et le fit rebondir en riant.

– J'en veux un aussi ! cria Snif en grimpant sur un autre nuage. Allez, hop !

Juste au moment où il dit « hop ! », le nuage s'éleva en décrivant une courbe élégante au-dessus du sol.

– Ça alors ! s'exclama Snif. Il a bougé !

Alors chacun sauta sur un nuage en criant « Hop ! Allez, hop ! »

Comme des lapins obéissants, les petits nuages s'envolèrent et se mirent à bondir dans tous les sens. Ce fut le Snorque qui découvrit comment les diriger. Une légère pression de la patte, et le nuage tournait. Avec les deux pattes, en avant toute ! Un petit coup de fesse, et le nuage montait.

C'était vraiment amusant.

Ils se risquèrent jusqu'en haut des arbres et sur le toit de la maison. Moumine passa sur son nuage devant la fenêtre de papa Moumine en criant : « Cocorico ! » (Dans le feu de l'action, il n'avait rien trouvé de plus intelligent.) Papa Moumine en lâcha son stylo à Mémoires et se précipita à la fenêtre.

– Par ma queue ! s'écria-t-il. Par ma queue !

Et c'est bien tout ce qu'il fut capable de dire.

– Ça va faire un beau chapitre pour tes Mémoires, dit Moumine.

Puis il dirigea son nuage vers la fenêtre de la cuisine et appela sa maman.

Maman Moumine était occupée à faire dorer des pommes de terre, et elle était très pressée.

– Qu'est-ce que tu as encore inventé, mon petit Moumine ? Ne va pas tomber, surtout !

Pendant ce temps, dans le jardin, le Snorque et le Renaclerican avaient trouvé un nouveau jeu. Ils se tamponnaient à toute vitesse sur leurs nuages. Ça faisait un bruit sourd, et celui qui tombait le premier avait perdu.

– Tu vas voir un peu ! cria le Renaclerican en enfonçant ses pattes dans les côtés de son nuage. En avant !

Mais le Snorque esquiva de justesse et attaqua sournoisement par en dessous.

Le nuage du Renaclerican chavira, et il tomba la tête la première dans une plate-bande, son chapeau enfoncé jusqu'au museau.

– Troisième round ! hurla Snif qui arbitrait sur son nuage, un peu au-dessus des autres. Deux à un ! À vos marques ! Prêts ? Partez !

– On fait un petit tour ? demanda Moumine à mademoiselle Snorque.

– Je veux bien, dit mademoiselle Snorque en rapprochant son nuage. On va où ?

– Si on allait voir l'Émule ? Cette fois, on devrait arriver à l'étonner un peu, quand même !

D'en haut, ils inspectèrent le jardin et les endroits où l'Émule était d'habitude, mais là, il n'était nulle part.

– Il ne va jamais bien loin, dit mademoiselle Snorque. La dernière fois que je l'ai vu, il triait ses timbres.

– C'était il y a six mois ! fit remarquer Moumine.

– Oui c'est vrai, et depuis, on a dormi ! dit mademoiselle Snorque.

– Tu as bien dormi ? demanda Moumine.

Mademoiselle Snorque survolait gracieusement le haut d'un arbre, l'air pensif.

– J'ai fait un rêve horrible ! dit-elle. Un affreux bonhomme avec un haut-de-forme noir me faisait des grimaces.

– C'est bizarre, dit Moumine. J'ai fait exactement le même rêve. Est-ce qu'il avait des gants blancs ?

– Oui, il en avait, dit mademoiselle Snorque en hochant la tête.

Tout songeurs, ils volaient lentement à travers la forêt, quand ils aperçurent l'Émule qui errait, la tête basse et les pattes derrière le dos. Moumine et mademoiselle Snorque descendirent en vol plané, chacun d'un côté de l'Émule, et crièrent tous les deux en même temps :

– Bonjour !

– Zut alors ! s'exclama l'Émule. Vous m'avez fait peur ! Vous savez bien qu'il ne faut pas me brusquer, ça me met le cœur en vrac.

– Oh, pardon ! dit mademoiselle Snorque. Regarde sur quoi on est assis !

– C'est plutôt bizarre, dit l'Émule. Mais je suis tellement habitué à vos bizarreries. Et aujourd'hui, je suis d'humeur mélancolique

– Pourquoi ? demanda mademoiselle Snorque avec sympathie. Par une si belle journée ?

L'Émule secoua la tête.

– De toute façon, vous ne pourriez pas comprendre, dit-il.

– On peut essayer, dit Moumine. Tu as encore perdu une « erreur »[1] ?

– Au contraire, soupira l'Émule, l'air sinistre. Je les ai toutes. Absolument toutes. Ma collection de timbres est tout à fait complète. Il n'y manque rien du tout.

– Alors tout va bien, dit mademoiselle Snorque, encourageante.

---

1. Timbre comportant une ou plusieurs fautes d'impression, de composition ou de disposition. Les erreurs sont très recherchées par les spécialistes. (NDLT)

– Et voilà… Je savais bien que vous ne pouviez pas comprendre, dit l'Émule.

Moumine et mademoiselle Snorque se regardèrent, soucieux. Ils reculèrent un peu leurs nuages par égard pour le chagrin de l'Émule, et continuèrent derrière son dos.

L'Émule errait toujours, pendant que Moumine et mademoiselle Snorque attendaient qu'il leur dise ce qu'il avait sur le cœur.

Au bout d'un moment, l'Émule éclata :

– Tout est vanité !

Au bout d'un moment encore, il dit :

– Ma collection peut bien servir de papier toilette !

– Allons, l'Émule, voyons ! dit mademoiselle Snorque toute retournée. Il ne faut pas dire des choses comme ça ! Tu as la plus belle collection du monde !

– Justement ! cria l'Émule, désespéré. Elle est terminée ! Il n'existe plus un seul timbre, plus la moindre petite erreur que je n'aie déjà. Qu'est-ce que je vais faire, maintenant ?

– Je crois que je comprends, dit Moumine lentement. Tu n'es plus un collectionneur, tu es devenu un propriétaire, et c'est beaucoup moins amusant.

– C'est exactement ça, murmura l'Émule, effondré.

Il s'arrêta et tourna vers eux son museau tout plissé.

– Cher Émule, dit mademoiselle Snorque en lui tapotant gentiment la patte, j'ai une idée. Si tu te mettais à collectionner quelque chose d'autre, quelque chose de vraiment nouveau ?

– C'est une idée, approuva l'Émule.

Mais il continuait de plisser le museau, car il trouvait inconvenant de redevenir joyeux si vite, après un si gros chagrin.

– Des papillons ? proposa Moumine.

– Surtout pas ! dit l'Émule sombrement. Un cousin du côté de mon père les collectionne déjà, et je ne peux pas le sentir.

– Des rubans, alors ? suggéra mademoiselle Snorque.

L'Émule grogna.

– Des bijoux ? continua mademoiselle Snorque, pleine d'espoir. Voilà une collection impossible à terminer !

– Pfff… fit l'Émule.

– Bon, alors je ne sais vraiment pas, dit mademoiselle Snorque.

– On va trouver, dit Moumine pour le rassurer. Maman aura sûrement une idée. Pour changer de sujet, est-ce que tu as vu le Rat Musqué ?

– Il dort encore, répondit tristement l'Émule. Il m'avait bien dit que c'était inutile de se lever tôt, et il avait vraiment raison.

Là-dessus, l'Émule continua sa marche lente et solitaire à travers la forêt.

Après avoir dirigé leurs nuages vers la cime des arbres, Moumine et mademoiselle Snorque se mirent à planer, en se balançant doucement dans le soleil. Ils se demandaient ce que l'Émule pourrait bien collectionner.

– Des coquillages ? lança mademoiselle Snorque.

– Ou des boutons de culotte, dit Moumine.

Mais la chaleur leur donnait envie de dormir, et ils n'arrivaient pas à réfléchir. Ils se couchèrent sur le dos dans leurs nuages en regardant le ciel du printemps où chantaient les alouettes.

Tout à coup, ils aperçurent le premier papillon de l'été. Comme chacun sait, un premier papillon jaune veut dire que l'été sera joyeux. S'il est blanc, l'été sera seulement tranquille. (Ne parlons pas des papillons marron ou noirs, c'est trop triste.) Mais ce papillon-là était doré.

– Qu'est-ce que ça peut bien vouloir dire ? demanda Moumine. C'est la première fois que je vois un papillon doré.

– Doré, c'est encore mieux que jaune, déclara mademoiselle Snorque. Tu verras !

Quand Moumine et mademoiselle Snorque rentrèrent pour le dîner, l'Émule les accueillit sur le perron.

Il était rayonnant.

– Alors ? dit Moumine. C'est quoi ?

– Des plantes ! cria l'Émule. Je vais herboriser ! C'est le Snorque qui a trouvé ça. Je vais faire le plus bel herbier du monde !

Et l'Émule déplia sa jupe[1] pour leur montrer sa première trouvaille. Parmi la terre et les feuilles, il y avait un tout petit oignon de fleur de printemps.

– *Gagea lusea*, dit fièrement l'Émule. Numéro un de ma collection. Spécimen sans défaut.

Et il entra dans la maison pour déverser le tout sur la table.

– Pousse-toi un peu, dit maman Moumine. C'est là que je vais poser la soupière. Tout le monde est rentré ? Le Rat Musqué dort toujours ?

– Comme un loir, dit Snif.

– Alors, vous vous êtes bien amusés ? demanda maman Moumine après avoir rempli toutes les assiettes.

– Comme des fous ! cria toute la famille.

Mais le lendemain matin, quand Moumine alla dans la remise à bois pour délivrer les cinq petits

---

1. L'Émule portait toujours une jupe qu'il avait héritée de sa tante. Je soupçonne que tous les Émules portent une jupe. C'est bizarre, mais c'est comme ça. (Note de l'auteur)

nuages, ils avaient tous disparu. Et qui aurait pu penser qu'ils avaient quelque chose à voir avec quelques coquilles d'œuf au fond du chapeau du Sorcier ?

2

OÙ L'ON VOIT COMMENT MOUMINE FUT CHANGÉ EN SPECTRE ET COMMENT IL SE VENGEA ENFIN DU FOURMILION. OÙ L'ON VOIT AUSSI MOUMINE ET LE RENACLERICAN SE LANCER DANS UNE TRÈS MYSTÉRIEUSE EXPÉDITION NOCTURNE.

Par un jour d'été tiède et tranquille, alors qu'il pleuvait sur la vallée des Moumine, on décida de jouer à cache-cache dans la maison.

Snif comptait tout haut dans un coin, le museau entre les pattes. À dix, il se retourna et se mit à chercher, d'abord aux endroits habituels, puis dans les endroits bizarres.

Couché sous la table de la véranda, Moumine était un peu inquiet. Ce n'était pas un bon endroit, il le sentait. Snif allait forcément soulever la nappe, et il serait fichu. Moumine regarda autour de lui, et il aperçut le grand chapeau noir que quelqu'un avait posé là.

Ça, c'était une idée ! Snif ne penserait jamais à regarder sous le chapeau. Très vite, sans faire de bruit, Moumine rampa vers le chapeau et se l'enfonça sur sa tête. Le chapeau le cachait seulement jusqu'au ventre, mais en rentrant bien sa queue et en se faisant tout petit, il serait sûrement invisible.

Moumine riait tout seul en entendant ses amis se faire prendre les uns après les autres. Apparemment, l'Émule s'était encore caché sous le canapé (il ne trouvait jamais mieux). Et maintenant, tout le monde cherchait Moumine.

Il attendit sans bouger jusqu'au moment où il commença à avoir peur. Et s'ils en avaient assez, de le chercher ? Et s'ils abandonnaient ? Alors il sortit du chapeau, passa la tête par la porte et cria : « Coucou ! »

Snif le fixa un bon moment et finit par dire, sur un ton pas très aimable :

– Coucou toi-même !

– C'est qui ? chuchota mademoiselle Snorque.

Les autres firent signe qu'ils ne savaient pas.

Pauvre petit Moumine ! Dans le chapeau du Sorcier, il s'était transformé en un animal très étrange. Tout ce qui était arrondi chez lui était devenu creux et maigre, et tout ce qui était petit était devenu grand. Et le plus étrange, c'est qu'il était le seul à ne pas s'en apercevoir.

– Je vous ai bien eus, hein ? dit Moumine en flageolant sur ses longues pattes. Vous vous demandez d'où je peux sortir, hein ?

– On s'en fiche, dit le Snorque. Mais tu es tellement moche qu'on est un peu surpris, c'est tout.

– Vous n'êtes pas très gentils, murmura Moumine tristement. Vous avez dû chercher trop longtemps. Qu'est-ce qu'on fait, maintenant ?

– Nous n'avons pas été présentés, dit mademoiselle Snorque d'un ton guindé. Personne ne sait qui tu es.

Moumine la regarda d'un air étonné, puis il pensa que c'était un nouveau jeu. Tout content, il dit en riant :

– Je suis le Roi de Californie !

– Moi je suis mademoiselle Snorque, dit mademoiselle Snorque. Et voici mon frère.

– Je m'appelle Snif, dit Snif.

– Je suis le Renaclerican, dit le Renaclerican.

– Je vous trouve ennuyeux, dit Moumine. Vous auriez pu inventer quelque chose de plus rigolo ! Allez, on sort, le ciel se dégage.

Il sortit sur le perron et les autres le suivirent, intrigués et vaguement méfiants.

– C'est qui, ça ? demanda l'Émule qui était occupé à compter les étamines d'un tournesol, assis devant la maison.

– C'est le Roi de Californie, dit mademoiselle Snorque.

– Et il va habiter ici ? demanda l'Émule.

– C'est à Moumine de décider, dit Snif. D'ailleurs, je me demande bien où il peut être.

Moumine éclata de rire.

– Tu es drôle, des fois, dit-il. Et si on le cherchait, Moumine ?

– Tu le connais ? demanda le Renaclerican.

– Eh bien... On peut dire ça ! Je le connais même plutôt bien !

Ce nouveau jeu lui plaisait beaucoup et il trouvait qu'il se débrouillait comme un chef.

– Où est-ce que tu l'as rencontré ? demanda mademoiselle Snorque.

– On est nés le même jour, dit Moumine, qui ne se tenait plus de joie. Mais c'est un bêcheur ! Franchement, il n'est pas très fréquentable !

– Ah non, alors ! On ne parle pas comme ça de Moumine ! dit mademoiselle Snorque en colère. C'est le meilleur Troll du monde, et on l'aime énormément !

Moumine était aux anges.

– Ah bon ? dit-il. Moi je trouve que c'est une vraie peste !

Alors mademoiselle Snorque fondit en larmes.

– Dégage ! dit le Snorque d'un ton menaçant. Sinon, tu vas prendre une bonne raclée !

– Mais voyons… ce n'est qu'un jeu ! dit Moumine étonné. Et ça me fait vraiment plaisir, que vous m'aimiez tant.

– On t'aime pas du tout ! hurla Snif d'une voix aiguë. Allez, les copains ! On envoie balader cet affreux Roi de Californie qui dit du mal de notre Moumine !

Et ils se jetèrent tous ensemble sur le pauvre Moumine, trop surpris pour réagir. Et quand il se mit enfin en colère, c'était trop tard. Il était coincé sous un embrouillamini de bras, de queues, de pattes et de hurlements.

Maman Moumine sortit sur le perron.

– Oulala ! Qu'est-ce qui vous prend, les enfants ? cria-t-elle. Arrêtez de vous battre ! Tout de suite !

– Ils donnent une raclée au Roi de Californie ! sanglota mademoiselle Snorque. Et ils ont bien raison !

Moumine réussit à se sortir de la mêlée, plutôt mal en point et furieux.

– Maman ! cria Moumine. C'est eux qui ont commencé ! Trois contre un, c'est pas juste !

– Ça, c'est vrai, dit maman Moumine avec sérieux. Mais tu as dû les énerver. Et d'ailleurs, qui es-tu, petit animal ?

– Arrêtez ce jeu idiot ! hurla Moumine. Vous n'êtes pas drôles du tout ! Je suis Moumine le Troll et c'est ma maman qui est là sur le perron. Point final !

– Tu n'es pas Moumine, dit mademoiselle Snorque d'un ton méprisant. Moumine a des jolies petites oreilles, alors que les tiennes, on dirait des gants de toilette.

Confus, Moumine se toucha la tête et y trouva deux énormes oreilles toutes fripées.

– Mais *je suis* Moumine le Troll ! explosa-t-il, hors de lui. Vous ne me croyez pas ?

– Moumine a une petite queue juste comme il faut, et la tienne a l'air d'un goupillon, dit le Snorque.

Moumine tâta son derrière d'une patte tremblante. Zut alors ! C'était vrai !

– Tes yeux sont comme des soucoupes, dit Snif. Moumine a des petits yeux gentils !

– Exactement, confirma le Renaclerican.

– Tu es un imposteur ! conclut l'Émule.

– Alors personne ne me croit ? s'écria Moumine. Regarde-moi bien, maman, et tu reconnaîtras ton enfant Moumine !

Maman Moumine observa attentivement le drôle d'animal effrayé. Elle le regarda droit dans ses soucoupes, un bon moment, et puis elle dit calmement :

– Oui, tu es bien Moumine.

À l'instant même, il recommença à se transformer. Ses yeux, ses oreilles et sa queue rapetissèrent, son museau et son ventre s'arrondirent. Il était à nouveau Moumine le Troll dans toute sa splendeur.

– Viens dans mes bras, dit maman Moumine. Tu sais, mon petit enfant Moumine, quoi qu'il arrive, je te reconnaîtrai toujours.

Un peu plus tard, Moumine et le Snorque se retrouvèrent dans l'un des endroits secrets du jardin, sous le jasmin, là où les feuilles forment une grotte toute verte.

– Bon, mais quelqu'un t'a transformé, c'est sûr ! dit le Snorque.

Moumine fit non de la tête.

– Je n'ai rien vu de particulier, dit-il, et je n'ai rien mangé, et je n'ai prononcé aucun mot dangereux.

– Alors tu es peut-être entré dans un cercle magique sans le faire exprès, dit le Snorque après un moment de réflexion.

– Je ne crois pas, dit Moumine. Je suis resté tout le temps assis sous le chapeau noir qui sert de corbeille à papier.

– Sous le chapeau ? demanda le Snorque, intrigué.

– Absolument, dit Moumine.

Ils réfléchirent encore un moment. Et tout à coup, ils se regardèrent et s'exclamèrent en chœur :

– Nom d'une pipe !

– Viens ! dit le Snorque.

Ils entrèrent dans la véranda et s'approchèrent du chapeau avec prudence.

– Il a l'air normal, dit le Snorque. En dehors du fait qu'un haut-de-forme n'est pas une chose ordinaire.

– Mais comment être sûrs que ça venait de lui ? demanda Moumine. En tout cas, moi, je n'y retourne pas !

– Et si on faisait entrer quelqu'un d'autre ? suggéra le Snorque.

– Ça serait méchant, dit Moumine. Comment savoir s'il redeviendra normal ?

– Alors on prend un ennemi, proposa le Snorque.

– Mmm… fit Moumine. Tu en as, des ennemis ?

– Le gros rat du tas d'ordures, dit le Snorque.

Moumine fit non de la tête. Il était trop malin, ils n'arriveraient pas à le faire entrer dans le chapeau.

– Le Fourmilion, alors ? proposa le Snorque.

– D'accord, dit Moumine. Un jour, il a fait tomber ma maman dans un trou et il lui a envoyé du sable dans les yeux.

Munis d'un grand bocal, ils s'en allèrent à la recherche du Fourmilion. Puisque c'est dans le sable que le Fourmilion a coutume de creuser sournoisement ses trous, ils partirent en direction de la mer. Ils n'eurent pas à chercher longtemps. Le Snorque tomba très vite sur un grand trou rond, et fit signe à Moumine.

– Il est là ! chuchota-t-il. Mais comment l'attirer dans le bocal ?

– Laisse-moi faire, dit Moumine tout bas.

Il prit le bocal et l'enterra un peu plus loin dans le sable, l'ouverture tournée vers le haut. Puis il dit à haute voix :

– Ce sont des minables, ces Fourmilions !

Il fit un signe au Snorque, et tous deux regardèrent au fond du grand trou, pleins d'espoir. Le sable bougeait, mais on ne voyait rien.

– Vraiment minables ! répéta Moumine. Il leur

faut *plusieurs heures* pour s'enterrer dans le sable, tu savais ça, toi ?

– Ah bon... je croyais... fit le Snorque, incertain.

– Si, si ! Parfaitement ! coupa Moumine en faisant des grands signes avec ses oreilles. Plusieurs heures !

À ce moment, une tête menaçante sortit du sable en roulant des yeux furibards :

– T'as dit minable ? siffla le Fourmilion. Je m'enterre en trois secondes, pas plus !

– J'ai du mal à croire une chose pareille, Monsieur, dit Moumine, faux-jeton comme tout.

– Je vous préviens, je vais vous recouvrir de sable, dit le Fourmilion, furieux. Et après, je vous tirerai dans mon trou et je vous mangerai !

– Non, non ! protesta le Snorque, effrayé. Montrez-nous plutôt comment on s'enterre à reculons, en trois secondes !

– Venez par ici, on verra mieux, dit Moumine en lui montrant l'endroit où ils avaient enterré le bocal.

– Vous croyez que je n'ai que ça à faire, amuser les mômes ? dit le Fourmilion.

Mais il ne put résister à la tentation de leur prouver ses talents. Avec un reniflement de mépris, il sortit de son trou et demanda d'un ton arrogant :

– Alors, où est-ce que je dois m'enterrer ?

– Là, dit Moumine, en montrant du doigt.

Le Fourmilion rentra la tête dans les épaules et hérissa sa crinière d'un air menaçant.

– Gare à vous, bestioles ! cria-t-il. Je m'enterre, et quand je remonte, je vous mange ! Un, deux, et trois !

Vrillé comme une hélice, le Fourmilion fonça dans le sable à reculons, tout droit dans le bocal. Et en effet, ça ne prit que trois secondes. Peut-être même deux et demie, tellement il était en colère.

– Vite ! Le couvercle ! cria Moumine.

Ils époussetèrent le sable et vissèrent le couvercle bien à fond. Puis ils se mirent à deux pour soulever le bocal, et commencèrent à le rouler vers la maison. Le Fourmilion criait et se démenait, mais le sable étouffait sa voix.

– Il est vraiment très fâché, dit le Snorque. Je n'ose pas penser à ce qui arriverait s'il sortait de là !

– Il ne peut pas sortir, dit Moumine tranquillement. Et quand il sortira, j'espère qu'il sera transformé en quelque chose d'affreux pour lui !

Quand ils arrivèrent à la maison, Moumine mit ses pattes dans la bouche et siffla trois coups longs (ce qui veut dire : « Événement exceptionnel »).

Tous ses amis accoururent et se rassemblèrent autour du bocal.

– Qu'est-ce que c'est ? demanda Snif.

– Un Fourmilion, dit fièrement Moumine. Nous avons capturé un vrai Fourmilion enragé !

– Vous avez osé ! s'exclama mademoiselle Snorque.

– Et maintenant, on va le verser dans le chapeau, dit le Snorque.

– Pour qu'il soit changé en spectre, comme moi, dit Moumine.

– Expliquez-nous un peu, on n'y comprend rien, dit l'Émule.

– Tout à l'heure, j'ai été transformé parce que je m'étais caché sous le chapeau, dit Moumine. Enfin, on pense que c'est ça, et maintenant, on va vérifier. On va voir si ça marche aussi avec le Fourmilion.

– Mais il peut se changer en n'importe quoi ! cria Snif. Il peut devenir quelque chose d'encore plus dangereux et nous manger tous !

Épouvantés, ils restèrent silencieux un bon moment, à regarder le bocal d'où s'échappaient des bruits étouffés.

– Oh la, la, dit mademoiselle Snorque inquiète, en changeant de couleur[1].

---

1. Les Snorques changent souvent de couleur, sous l'effet de l'émotion. (Note de l'auteur)

– On va poser un gros livre sur le chapeau, et se cacher sous la table pendant qu'il se transforme, proposa le Renaclerican. C'est toujours un peu risqué, de tenter des expériences ! Allez ! Versons-le dans le chapeau tout de suite !

Snif courut se cacher sous la table. Et tandis que Moumine, le Renaclerican et l'Émule tenaient le bocal au-dessus du chapeau du Sorcier, mademoiselle Snorque dévissa prudemment le couvercle. Dans un nuage de sable, le Fourmilion tomba au fond du chapeau. Rapide comme l'éclair, le Snorque posa dessus un dictionnaire plein de mots étrangers, et tout le monde fila se cacher sous la table.

D'abord, il ne se passa rien.

Ils regardaient par-dessous la nappe et ils attendaient, de plus en plus inquiets. Aucun changement.

– C'était de la blague, dit Snif.

À cet instant, le dictionnaire plein de mots étrangers commença à se gondoler. D'excitation, Snif mordit le pouce de l'Émule.

– Attention ! rouspéta l'Émule. Tu me mords le pouce !

– Oh, pardon, dit Snif. Je croyais que c'était le mien !

Le dictionnaire se recroquevillait de plus en plus, et les pages commençaient à ressembler à des feuilles mortes. Et puis tous les mots étrangers sortirent des pages et se mirent à grouiller sur le plancher.

– Ça alors ! dit Moumine.

Mais ce n'était pas fini. Des gouttes d'eau coulèrent du chapeau, et puis des ruisseaux. Ça coulait de plus en plus fort et ça clapotait sur le tapis, si bien que les mots étrangers durent grimper aux murs.

– C'est le Fourmilion qui s'est transformé en eau, c'est tout, dit le Renaclerican, très déçu.

– Je crois plutôt que c'est le sable, chuchota le Snorque. Le Fourmilion, c'est pour après.

Ils attendirent, dans un état de tension extrême. Mademoiselle Snorque cachait sa tête dans les bras de Moumine et Snif couinait de terreur.

C'est alors que le plus petit hérisson du monde apparut sur le bord du chapeau. Il renifla et cligna des yeux, tout ébouriffé et trempé.

Pendant quelques secondes régna un silence de mort. Puis le Renaclerican éclata de rire. Et quand il s'arrêta d'épuisement, les autres prirent le relais, hurlant de rire et se roulant par terre. Seul l'Émule ne riait pas du tout. Il regardait ses amis et dit, l'air étonné :

– Je me demande pourquoi vous faites toujours tant histoires pour rien ! On le savait bien, que le Fourmilion allait changer, non ?

Solennel et un peu triste, le petit hérisson s'en alla tout doucement vers la porte, et entreprit de descendre les marches. L'eau avait cessé de couler, mais il y avait un lac dans la véranda, et le plafond était tartiné de mots étrangers.

Après, ils expliquèrent tout ça à papa et maman Moumine, qui prirent la chose très au sérieux et décidèrent d'en finir avec le chapeau du Sorcier. Ils le roulèrent avec précaution jusqu'à la rivière et le poussèrent à l'eau.

– *Alors c'était ça*, les nuages et le spectre, dit maman Moumine en regardant le chapeau s'éloigner au fil de l'eau.

– On s'amusait bien avec les nuages, soupira Moumine dépité. On aurait pu en avoir plein d'autres !

– Bien sûr ! Et des raz de marée et des mots étrangers, aussi ! dit sa maman. Regarde un peu la véranda ! Si seulement je savais comment me débarrasser de ces petites bestioles ! Elles vont mettre la pagaille dans toute la maison !

– Quand même, j'aimais bien les nuages, marmonna Moumine, têtu.

Ce soir-là, Moumine n'arrivait pas à s'endormir. De son lit, il regardait par la fenêtre. La nuit claire de juin était pleine de cris solitaires, de chuchotements et de bruits de pattes, et ça sentait bon les fleurs.

Le Renaclerican n'était pas encore rentré. Souvent, par des nuits comme celle-là, il allait se promener tout seul avec son harmonica. Mais là, on n'entendait pas sa musique. Il devait être parti pour l'une de ses expéditions. Bientôt, il planterait sa tente au bord de la rivière, et il refuserait de dormir à la maison... Moumine soupira. Il se sentait triste, sans raison.

Tout à coup, il entendit sous sa fenêtre un sifflement très doux. (C'était le sifflement qui voulait dire : « Secret ! ») Son cœur bondit de joie, et il trottina jusqu'à la fenêtre pour regarder dehors. Le Renaclerican attendait sous l'échelle de corde.

– Tu peux garder un secret ? chuchota-t-il quand Moumine fut descendu dans l'herbe.

Moumine hocha la tête énergiquement.

Le Renaclerican se pencha vers lui et murmura :

– Le chapeau s'est échoué sur un banc de sable, un peu plus bas dans la rivière.

Les yeux de Moumine se mirent à briller.

– Ça te dit ? demanda le Renaclerican d'un haussement de sourcils.

– Si ça me dit ! répondit Moumine d'un frétillement d'oreilles.

Comme des ombres, ils se faufilèrent dans le jardin humide de rosée, et descendirent vers la rivière.

– Il est à deux tournants d'ici, dit le Renaclerican à voix basse. Et il faut absolument le repêcher, parce que l'eau qui passe dedans devient rouge. Ceux qui habitent plus bas au bord de la rivière vont être terrifiés, s'ils voient cette eau horrible.

– On aurait dû y penser, dit Moumine.

Il était heureux et fier, de marcher dans la nuit avec le Renaclerican. Jusqu'ici, le Renaclerican était toujours parti seul, pour ses expéditions nocturnes.

– C'est quelque part par ici, dit le Renaclerican. Là où commence la ligne sombre sur l'eau. Tu la vois ?

– Pas très bien, répondit Moumine en trébuchant dans l'obscurité. Je ne vois pas la nuit, moi.

– Je me demande comment on va l'attraper, dit le Renaclerican en regardant la rivière. C'est bête que ton papa n'ait pas de bateau.

Moumine hésita.

– Je nage assez bien, si l'eau n'est pas trop froide, dit-il.

– Et tu oserais ? dit le Renaclerican, incrédule.

– Bien sûr ! s'écria Moumine, bien décidé à le faire, tout à coup. C'est où ?

– En biais, par là, dit le Renaclerican. Tu auras pied très vite, avec le banc de sable. Mais ne mets pas tes pattes dans le chapeau, surtout ! Tiens-le par le bord.

Moumine se glissa dans l'eau tiède et se mit à nager comme un petit chien. Le courant était assez fort, et il n'était pas rassuré. Puis il vit le banc de sable, avec une chose noire dessus. Il approcha en se servant de sa queue comme gouvernail, et tout à coup, il sentit le sable sous ses pattes.

Tove

– Ça va ? appela doucement le Renaclerican, de l'autre rive.

– Ça va ! répondit Moumine en pataugeant vers le chapeau.

Il vit un filet d'eau sombre s'échapper du chapeau et couler dans la rivière. C'était l'eau transformée. Moumine mit une patte dedans et en goûta un petit peu.

– Ça alors ! murmura-t-il. C'est du sirop. Alors comme ça, on peut avoir tout le sirop qu'on veut, rien qu'en mettant de l'eau dans le chapeau !

– Tu l'as ? cria le Renaclerican, inquiet.

– J'arrive ! répondit Moumine qui pataugeait à nouveau dans l'eau, avec le chapeau du Sorcier accroché à sa queue par un nœud bien solide.

C'était dur, de nager à contre-courant en traînant le chapeau, et quand Moumine rampa enfin sur la rive, il était épuisé.

– Le voilà, souffla-t-il, très fier.

– Formidable ! dit le Renaclerican. Maintenant, où est-ce qu'on va le cacher ?

– Pas dans la maison, dit Moumine. Et pas dans le jardin non plus. Quelqu'un pourrait le trouver.

– Dans la grotte ? suggéra le Renaclerican.

– Alors il faut prévenir Snif, dit Moumine. C'est sa grotte.

– Pourquoi pas, dit le Renaclerican, hésitant, mais il est bien petit pour un si gros secret.

– C'est vrai, c'est un gros secret, dit Moumine gravement. C'est la première fois que je cache quelque chose à papa et à maman, tu sais.

Le Renaclerican prit le chapeau dans ses pattes et rebroussa chemin le long de la rivière. Arrivé au pont, il s'arrêta brusquement.

– Qu'est-ce qu'il y a ? chuchota Moumine, inquiet.

– Des canaris ! s'exclama le Renaclerican. Trois canaris jaunes, là-bas, sur la barrière du pont. C'est bizarre, en pleine nuit.

– Je ne suis pas du tout un canari, piailla l'oiseau le plus proche. Je suis un gardon !

– Nous sommes tous les trois d'honnêtes poissons ! chanta son copain.

Le Renaclerican secoua la tête.

– Tu vois de quoi il est capable, ce chapeau ! Ces trois petits poissons ont dû entrer dedans, et ils ont été transformés. Viens, on fonce à la grotte et on le cache !

Moumine suivit le Renaclerican de très près, pour traverser la forêt. Ça chuchotait et ça trottinait des deux côtés du chemin, et ça faisait un peu peur. Parfois, entre les troncs, des petits yeux luisants les fixaient, et parfois, ils entendaient un appel venu de la terre ou du haut des arbres.

– C'est une belle nuit ! dit une voix, juste derrière Moumine.

– Très belle ! répondit-il courageusement.

Une petite ombre se faufila sous son nez et disparut dans les ténèbres.

Sur la plage, il faisait plus clair. La mer et le ciel se confondaient dans la même lueur pâle, et au loin, on entendait le cri d'un oiseau. C'était presque l'aube, déjà. Le Renaclerican et Moumine portèrent le chapeau du Sorcier jusqu'à la grotte et le posèrent tout au fond, à l'envers, pour que rien ne puisse tomber dedans.

– Je crois qu'on a bien fait, dit le Renaclerican en sortant de la grotte. Et si ça se trouve, on va arriver à récupérer les cinq petits nuages !

– Ça serait drôlement bien, mais ça aussi c'est bien, dit pensivement Moumine en regardant la nuit pâlir sur la mer.

3

OÙ L'ON VOIT COMMENT LE RAT MUSQUÉ SE RETIRA SEUL DANS LA NATURE SAUVAGE ET Y VÉCUT QUELQUE CHOSE D'INDESCRIPTIBLE, COMMENT *L'AVENTURE* MENA LA FAMILLE MOUMINE VERS L'ÎLE DES HATIFNATTES, COMMENT L'ÉMULE FAILLIT Y ÊTRE BRÛLÉ, ET COMMENT UN GRAND ORAGE S'ABATTIT SUR EUX.

Le lendemain matin, alors que le Rat Musqué était dans le hamac avec sa couverture, en train de lire *De l'inutilité de toute chose*, comme d'habitude, la ficelle cassa et il s'écrabouilla par terre.

– Impardonnable ! grogna le Rat Musqué en émergeant de sa couverture.

– C'est embêtant ! dit papa Moumine, qui était en train d'arroser ses plants de tabac. J'espère que vous ne vous êtes pas fait mal ?

– Ce n'est pas la question, dit le Rat Musqué d'un ton lugubre en tirant sur sa moustache. La terre peut bien se fendre en deux si elle veut, je m'en fiche. Mais j'ai horreur de me ridiculiser. C'est indigne !

– Je suis le seul à vous avoir vu tomber, rétorqua papa Moumine.

– Ça suffit largement, dit le Rat Musqué. J'ai déjà subi toutes sortes de choses, dans votre maison. L'année dernière, par exemple, une comète m'est tombée dessus. Ce n'était pas grave en soi, mais rappelez-vous. Dans le feu de l'action, je me suis assis sur le gâteau au chocolat de votre épouse ! Ce fut extrêmement fâcheux pour ma dignité ! Et puis il m'arrive de trouver des brosses à cheveux dans mon lit – une plaisanterie tout à fait stupide ! Sans parler de…

– Je sais, je sais, l'interrompit papa Moumine, accablé. Cette maison est un peu mouvementée. Et avec le temps, les ficelles ont tendance à s'user…

– Ça ne peut plus durer, dit le Rat Musqué. Peu importe que je me sois tué en tombant, mais imaginez que les autres m'aient vu ! Puisque c'est ça, je vais me retirer dans la nature sauvage, où je mènerai une vie solitaire et ascétique. C'est ma décision, et elle est irrévocable.

– Allons bon, dit papa Moumine, impressionné. Où ça ?

– Dans la grotte, dit le Rat Musqué. Là-bas, personne ne viendra troubler ma réflexion avec des plaisanteries grotesques. Vous pouvez m'apporter à manger deux fois par jour. Mais pas avant dix heures.

– Bien, dit docilement papa Moumine. Est-ce qu'il faut t'apporter des meubles, aussi ?

– Si vous voulez, dit le Rat Musqué un peu plus aimablement. Mais quelque chose de simple, alors. Je sais que vous n'aviez aucune mauvaise intention, mais votre famille a poussé ma patience à bout.

Là-dessus, le Rat Musqué prit son livre et sa couverture et s'achemina lentement vers les collines. Papa Moumine poussa un petit soupir, puis il retourna arroser son tabac. En deux secondes, il avait tout oublié.

À peine arrivé dans la grotte, le Rat Musqué se sentit chez lui. Il étala sa couverture sur le sable, s'assit dessus et se mit à réfléchir. Pendant deux heures environ. Tout était silencieux et paisible. Par une fente du plafond de la grotte, un rayon de soleil jetait une douce lumière sur le refuge solitaire, et le Rat Musqué se déplaçait de temps en temps, pour suivre le rayon qui avait glissé un peu plus loin.

« Je vais rester ici jusqu'à la fin de mes jours, pensa-t-il. Il est tout à fait inutile de s'agiter, de bavarder, de construire des maisons, de faire la cuisine et d'accumuler des richesses ! »

Satisfait, il examina sa nouvelle demeure et aperçut le chapeau du Sorcier que Moumine et le

Renaclerican avaient posé dans un coin, tout au fond.

« Tiens, la corbeille à papier… pensa le Rat Musqué. Eh bien, elle pourra toujours servir à quelque chose… »

Il médita encore un peu, puis il décida de dormir. Il s'enroula dans sa couverture et mit son dentier dans le chapeau pour qu'il ne traîne pas dans le sable. Ensuite il s'endormit, tranquille et heureux.

Dans la maison Moumine, il y avait des crêpes pour le petit déjeuner. Des belles crêpes dorées avec de la confiture de framboises. Il restait aussi du porridge de la veille, mais comme personne n'en voulait, on décida de le garder pour le lendemain.

– Aujourd'hui, j'ai envie de faire quelque chose de spécial, dit maman Moumine. Nous voilà débarrassés de cet affreux chapeau, et ça se fête ! En plus, on devient triste, à force de rester toujours au même endroit.

– C'est bien vrai ! dit papa Moumine. Si on partait en excursion ?

– On a déjà été partout, dit l'Émule, il n'y a plus aucun lieu nouveau à visiter !

– Il doit bien y en avoir un quelque part, dit le papa. Et s'il n'y en a pas, on l'inventera. Arrêtez de manger les crêpes, les enfants, on va les prendre avec nous.

– On peut finir ce qu'on a dans la bouche ? demanda Snif.

– Ne sois pas ridicule, dit maman Moumine. Rassemblez en vitesse ce que vous voulez emporter, parce que papa veut partir tout de suite. Mais ne prenez rien d'inutile. On va laisser un mot au Rat Musqué pour qu'il sache où nous sommes.

– Par ma queue ! s'exclama papa Moumine en se frappant le front. J'avais oublié ça ! Il fallait lui porter des meubles et de quoi manger dans la grotte !

– Dans la grotte ? crièrent en chœur Moumine et le Renaclerican.

– Oui, la ficelle du hamac a cassé, dit papa Moumine. Alors le Rat Musqué a déclaré qu'il n'arrivait plus à réfléchir et qu'il voulait renoncer à tout. Que vous aviez mis des brosses dans son lit et je ne sais plus trop quoi. C'est pour ça qu'il a déménagé dans la grotte.

Moumine et le Renaclerican pâlirent et se regardèrent, terrifiés. Le chapeau !

– Ce n'est pas bien grave, dit maman Moumine. On va faire une excursion au bord de la mer, et on lui portera à manger en passant.

– Encore le bord de mer ! gémit Snif. On ne peut pas aller ailleurs ?

– Silence, les enfants ! dit fermement papa Moumine. Maman veut se baigner. Alors on y va !

Maman Moumine se dépêcha de préparer les bagages.

Elle rassembla les couvertures, les casseroles, les écorces de bouleau pour faire du feu, la cafetière, un tas de victuailles, l'huile solaire, les allumettes et tous les ustensiles pour manger. Elle prit aussi un parapluie, des vêtements chauds, des cachets pour digérer, un fouet pour battre les œufs en neige, des coussins, une moustiquaire, des maillots de bain, une nappe, et aussi son sac à main, bien sûr. Elle visita toute la maison, au cas où elle aurait oublié quelque chose, et finalement elle dit :

– Ça y est ! Oulala ! Ça va faire du bien, de se reposer au bord de la mer !

Papa Moumine prit sa pipe et sa canne à pêche.

– Vous êtes enfin prêts ? demanda-t-il. Vous êtes sûrs de n'avoir rien oublié ? Alors on y va !

Ils partirent en file indienne vers le rivage. Snif fermait la marche et tirait six petits bateaux derrière lui.

– Tu crois que le Rat Musqué a fait des bêtises ? chuchota Moumine au Renaclerican.

– J'espère que non, chuchota le Renaclerican. Mais ça m'inquiète un peu.

Tout à coup, tout le monde s'arrêta si brusquement que l'Émule faillit prendre la canne à pêche dans l'œil.

– C'est quoi, tous ces cris ? s'exclama maman Moumine effarée.

La forêt entière était secouée de hurlements sauvages. Quelqu'un, ou quelque chose, arrivait au galop en rugissant de terreur, ou de fureur.

– Cachez-vous ! cria papa Moumine. C'est un monstre !

Mais avant qu'ils aient pu se cacher, le Rat Musqué apparut, les yeux exorbités et la moustache en bataille. En agitant les pattes, il se lança dans un discours très confus auquel personne ne comprit rien – si ce n'est qu'il était furieux, ou terrifié, ou furieux d'être terrifié. Là-dessus, il disparut en titubant vers la vallée des Moumine.

– Qu'est-ce qui lui prend ? dit maman Moumine toute retournée. Lui toujours si calme et digne !

– C'est bien des histoires pour une ficelle cassée… grommela papa Moumine en secouant la tête.

– Je crois qu'il est furieux parce qu'on a oublié de lui porter à manger, dit Snif. Mais maintenant, on peut manger sa part.

Soucieux, ils continuèrent leur marche vers la mer. Mais Moumine et le Renaclerican filèrent devant et prirent un raccourci pour arriver plus vite à la grotte.

– On ne va pas entrer par la porte, dit le Renaclerican. LA CHOSE est peut-être encore là. On va grimper là-haut et regarder par la fente du plafond.

Comme des Sioux, ils rampèrent en silence le long de la colline, et, prudemment, jetèrent un œil par la fente.

Le chapeau du Sorcier était toujours là, et il était vide. La couverture traînait dans un coin, le livre dans un autre. La grotte était abandonnée, mais on voyait des traces bizarres dans le sable, comme si quelqu'un avait sautillé partout, ou dansé.

– Ce ne sont pas des traces de Rat Musqué, ça ! dit Moumine.

– Je me demande même si ce sont des traces de pattes, dit le Renaclerican. C'est vraiment bizarre !

Ils redescendirent la colline en jetant partout des regards effrayés, mais aucun danger ne se présenta.

Ils ne surent jamais ce qui avait terrifié le Rat Musqué, car il refusa toujours de le raconter.[1]

Pendant ce temps, les autres étaient arrivés à la mer. Ils étaient au bord de l'eau, en train de discuter et de gesticuler.

– Ils ont trouvé un bateau ! cria le Renaclerican. Viens voir !

C'était un vrai bateau pour de bon. Un grand voilier vert et blanc, avec des rames et un vivier !

1. Si tu veux savoir ce qu'est devenu le dentier du Rat Musqué, demande à ta maman, elle le sait sûrement. (Note de l'auteur)

– C'est à qui, ce bateau ? demanda Moumine, essoufflé.

– À personne ! dit papa Moumine, triomphant. Il est venu s'échouer sur notre rivage. C'est un cadeau de la mer !

– Il faut lui trouver un nom ! cria mademoiselle Snorque. *Titine*, ça serait mignon, non ?

– Titine toi-même, dit le Snorque, méprisant. Je propose *Aigle des Mers*.

– Non, il faut que ça soit en latin ! cria l'Émule. *Muminatus Maritima !*

– Je l'ai vu le premier ! cria Snif. C'est à moi de choisir le nom. *Snif*, ça serait rigolo, non ? C'est court et ça sonne bien !

– C'est toi qui le dis ! fit Moumine, écœuré.

– Du calme, les enfants ! dit le papa. Du calme, du calme ! C'est à maman de choisir le nom. C'est son excursion.

Maman Moumine rougit.

– Oulala ! Je ne suis pas sûre de trouver ! dit-elle modestement. Le Renaclerican a plus d'imagination, il saurait mieux que moi.

– Je ne sais pas trop, dit le Renaclerican, flatté. Mais pour être franc, j'ai tout de suite pensé à *Loup de Mer*. C'est élégant, je trouve.

– Non ! protesta Moumine, c'est maman qui choisit.

– Mes chers petits, dit maman Moumine. Vous allez peut-être me trouver ridicule et démodée, mais j'aimerais bien un nom qui évoque tout ce que nous pouvons faire avec ce bateau. Et je trouve que *l'Aventure* lui irait très bien.

– Bravo ! cria Moumine. Maintenant, il faut le baptiser ! Maman, tu as quelque chose qui ressemble à une bouteille de champagne ?

Maman Moumine fouilla tous ses paniers à la rechcrche de la bouteille de sirop.

– C'est bête ! s'écria-t-elle. Je crois que j'ai oublié le sirop.

– J'ai pourtant bien demandé si on avait tout pris, dit papa Moumine.

Ils étaient complètement découragés. Partir sur un bateau qui n'a pas été baptisé dans les formes, ça porte malheur.

Mais Moumine eut une bonne idée.

– Donne-moi des casseroles, dit-il.

Il remplit les casseroles d'eau de mer et les porta dans la grotte où était le chapeau du Sorcier.

Quand il revint, il tendit l'eau à son papa en disant :

– Goûte !

Le papa but une gorgée et parut très content.

– Où est-ce que tu as trouvé ça, mon fils ? demanda-t-il.

– C'est un secret ! dit Moumine.

Ils mirent l'eau transformée dans un bocal à confiture, qu'ils fracassèrent contre l'étrave du voilier pendant que maman Moumine déclamait fièrement :

– Adonc, aujourd'hui, ici, maintenant, ailleurs et pour toujours (une expression Moumine traditionnellement utilisée à l'occasion d'un baptême), je te baptise *l'Aventure !*

– Hourra ! cria l'assemblée.

On chargea le bateau : paniers, couvertures, canne à pêche, parapluies, coussins, casseroles et maillots de bain. Et puis la famille Moumine et ses amis embarquèrent sur la mer sauvage et verte.

Il faisait beau, même si une brume légère masquait le soleil. *L'Aventure* gonfla ses voiles blanches et s'élança comme une flèche vers l'horizon. Les vagues clapotaient contre la coque, le vent chantait, les trolls de mer et les demoiselles d'eau dansaient autour de l'étrave.

Snif avait attaché ses six petits bateaux à l'arrière, et toute cette petite flotte naviguait dans le sillage. Papa Moumine tenait le gouvernail et maman Moumine somnolait. (C'était très rare, tant de calme autour d'elle.) Au-dessus du bateau planaient de grands oiseaux blancs.

– Où est-ce qu'on va ? demanda le Snorque.

– Dans une petite île ! dit mademoiselle Snorque. Je ne suis jamais allée dans une petite île !

– Alors c'est ton jour ! dit papa Moumine. On débarquera sur la première île qu'on verra !

Moumine s'était assis à l'avant du bateau et guettait les écueils. Fasciné, il regardait les profondeurs vertes de la mer, et les belles moustaches blanches que soulevait l'étrave de *l'Aventure*.

– Yo-hou ! On va sur une île ! cria Moumine, enthousiaste.

Loin au large, l'île des Hatifnattes est entourée de récifs et de brisants. Une fois par an, les Hatifnattes s'y rassemblent, avant de reprendre leur interminable voyage autour de la Terre. Ils viennent de partout, graves et silencieux, leur petit visage vide et blanc. On ne sait pas pourquoi ils tiennent cette réunion, puisqu'ils ne peuvent ni entendre ni parler, et qu'ils ne posent jamais le regard sur autre chose que les horizons lointains vers lesquels ils naviguent.

Peut-être, malgré tout, aiment-ils avoir un

endroit où ils se sentent chez eux, pour se reposer et se faire de nouvelles relations. La réunion a toujours lieu en juin, et c'est ainsi que la famille Moumine et les Hatifnattes arrivèrent à peu près en même temps sur l'île solitaire.

Sauvage et attirante, elle surgit soudain de la mer, couronnée d'écueils blancs et d'arbres verts, comme pour une fête.

– Terre droit devant ! cria Moumine.

Tout le monde se pencha par-dessus le bastingage pour regarder.

– Il y a une plage ! cria mademoiselle Snorque.

– Et un joli port ! dit papa Moumine en louvoyant élégamment entre les écueils. *L'Aventure* s'échoua en douceur sur le sable et Moumine sauta à terre avec l'amarre. Aussitôt, la plage fourmilla d'une activité fébrile. Maman Moumine ramassa des pierres pour faire un foyer et réchauffer les crêpes, elle ramassa du bois, et elle étendit la nappe sur le sable, avec un caillou à chaque coin pour qu'elle ne s'envole pas. Ensuite, elle aligna toutes les tasses et enterra le beurrier dans le sable humide, à l'ombre d'un rocher. Et puis elle posa un bouquet d'iris sauvages au milieu de la nappe.

– On peut t'aider ? demanda Moumine quand tout fut prêt.

– Allez plutôt explorer l'île, répondit maman Moumine (elle savait bien qu'ils en avaient envie). C'est important de savoir où l'on est. Il peut y avoir du danger, ici.

– Absolument, dit Moumine.

Il partit avec Snif et les deux Snorque en longeant la plage vers le sud, pendant que le Renaclerican, qui aimait découvrir les choses tout seul, s'en allait vers le nord. L'Émule prit sa loupe, sa pelle et sa boîte de botaniste, et il s'enfonça dans la forêt, pensant y trouver des plantes rares, parfaitement inconnues.

Quant à papa Moumine, il s'installa sur un rocher pour pêcher à la ligne. Le soleil s'avançait lentement vers l'après-midi et un banc de nuages s'épaississait au loin, au-dessus de la mer.

Au milieu de l'île, il y avait une clairière

verdoyante, entourée de buissons en fleurs. C'était le lieu secret des Hatifnattes, c'était là qu'ils se rassemblaient chaque année vers la Saint-Jean. Environ trois cents Hatifnates étaient déjà arrivés, et on en attendait encore au moins quatre cent cinquante. Silencieux, ils se promenaient dans l'herbe en se saluant pompeusement. Au centre de la clairière, ils avaient dressé un grand poteau auquel était accroché un grand baromètre. Et chaque fois qu'ils passaient devant le baromètre, ils le saluaient aussi (c'était assez drôle à voir).

Pendant ce temps, l'Émule flânait dans la forêt, enthousiasmé par les fleurs rares qui resplendissaient partout. Elles étaient différentes des fleurs de la vallée des Moumine, leurs couleurs étaient plus sombres et leurs formes bien étranges. Mais l'Émule ne voyait même pas qu'elles étaient belles. Il comptait les étamines et les pétales en baragouinant :

– Spécimen numéro deux cent quatre-vingt-dix-sept de ma collection !

Il finit par déboucher dans la clairière des

Hatifnattes. Le nez dans l'herbe, concentré sur sa recherche d'herbes rares, il ne leva les yeux qu'après s'être cogné le crâne contre le poteau. Et là, il fut très surpris. Jamais il n'avait vu autant d'Hatifnattes en même temps. Ils grouillaient partout et le fixaient de leurs petits yeux pâles. « Je me demande s'ils sont hostiles, pensa l'Émule, inquiet. Ils sont petits, certes, mais vraiment très nombreux ! »

Il regarda le grand baromètre en acajou luisant, et vit que l'aiguille indiquait pluie et vent. « Bizarre », pensa l'Émule en clignant des yeux dans le soleil. Et il tapota le baromètre, qui baissa encore. Alors les Hatifnattes émirent un bruissement menaçant et firent un pas vers l'Émule.

– Je vous en prie, dit l'Émule, effrayé. Je ne vais pas vous le voler, votre baromètre !

Mais les Hatifnattes ne pouvaient pas l'entendre. Ils avançaient par vagues, en bruissant et en agitant les pattes. Le cœur battant, l'Émule chercha un moyen de se sauver. Mais l'ennemi s'approchait, formant un mur autour de lui, tandis que d'autres

Tove

Hatifnattes apparaissaient entre les arbres, silencieux, le visage immobile.

– Allez-vous-en ! cria l'Émule. Allez ! Ouste !

Mais les Hatifnattes continuaient d'approcher en silence. Alors l'Émule rassembla ses jupes et grimpa au poteau. Ça glissait et ça rendait la chose pénible, mais la peur lui donna des forces surémuliennes. Finalement, il arriva en haut et, tout tremblant, s'accrocha au baromètre.

Les Hatifnattes étaient maintenant agglutinés jusqu'au pied du poteau et ils attendaient. Toute la clairière en était recouverte comme d'un tapis blanc, et l'Émule eut mal au cœur en pensant à ce qui arriverait s'il tombait.

– Au secours ! cria-t-il faiblement. Au secours ! Au secours !

Mais la forêt resta silencieuse.

Alors il mit deux doigts dans la bouche et siffla : trois coups brefs, trois coups longs, trois coups brefs. S.O.S.

Le Renaclerican, qui se promenait sur la plage du nord, entendit au loin le signal de détresse de l'Émule, et il s'arrêta pour écouter. Quand il eut compris d'où ça venait, il fonça à sa rescousse. Au bout d'un moment, le sifflement se fit plus fort. « C'est tout près, maintenant », pensa le Renaclerican en avançant plus prudemment.

La forêt s'éclaircit et il vit la clairière, les Hatifnattes et l'Émule cramponné au poteau. « C'est bien ennuyeux, cette situation », murmura le Renaclerican. Puis il cria :

– Salut ! C'est moi ! Qu'est-ce que tu as fait pour énerver les Hatifnattes ?

– J'ai justc tapoté leur baromètre, gémit l'Émule. Et il a baissé. Essaie d'écarter ces horribles bestioles, Renaclerican, s'il te plaît !

– Attends, je réfléchis, dit le Renaclerican.

(Bien sûr, les Hatifnattes n'cntendaient rien de cette conversation, puisqu'ils n'avaient pas d'oreilles.)

Au bout d'un moment, l'Émule cria :

– Dépêche-toi de réfléchir, Rican, je glisse !

– Écoute ! dit le Renaclerican. Tu te rappelles les taupes dans le potager ? Et les pieux que papa

Moumine avait plantés avec des girouettes en haut ? En tournant, les girouettes faisaient trembler le sol, ça rendait les taupes nerveuses et elles s'étaient enfuies !

– Tes histoires sont toujours très intéressantes, dit l'Émule amèrement, mais je ne vois pas le moindre rapport avec ma situation déplorable.

– Mais si ! dit le Renaclerican. Tu ne comprends pas ? Les Hatifnattes ne parlent pas, n'entendent pas, et ils voient très mal. Mais leur sens du toucher est très développé ! Essaie de secouer le poteau d'avant en arrière ! Les Hatifnattes le sentiront dans le sol et ça leur fera peur. Les secousses leur arriveront directement dans le ventre, tu comprends ?

L'Émule essaya de balancer le poteau d'avant en arrière.

– Je vais tomber ! s'écria-t-il inquiet.

– Plus vite, plus vite ! hurla le Renaclerican. Des tout petits coups !

L'Émule se balança de plus en plus vite, et au bout d'un moment, les Hatifnattes commencèrent à sentir des choses désagréables dans la plante des pieds. Bruissant de plus en plus fort, ils s'agitèrent nerveusement, puis se carapatèrent, exactement comme les taupes.

Très vite, la clairière se vida. Le Renaclarican sentait les Hatifnattes frôler ses jambes au passage, et ça piquait comme des orties.

De soulagement, l'Émule lâcha prise et tomba dans l'herbe.

– Oh la la… mon cœur ! gémit-il. Il est encore en vrac ! C'est comme ça, depuis que je suis arrivé dans la famille Moumine : du raffut et du danger !

– Calme-toi, dit le Renaclerican. Tu t'en es tiré !

– Saletés de bestioles ! grogna l'Émule. Je vais quand même leur confisquer leur baromètre, ça leur apprendra !

– À mon avis, il vaut mieux pas, dit le Renaclerican.

Mais l'Émule décrocha le grand baromètre et l'emporta triomphalement.

– Maintenant, on va retrouver les autres, dit-il. J'ai une faim de loup.

Quand le Renaclerican et l'Émule arrivèrent sur la plage, les autres étaient en train de manger la morue que papa Moumine avait pêchée.

– Salut ! cria Moumine. On a fait tout le tour de l'île ! De l'autre côté, il y a des rochers terrifiants qui tombent droit dans la mer !

– Et nous, on a vu plein de Hatifnattes ! cria Snif. Au moins cent !

– Ne-me-par-lez-surtout-pas-de-ces-gens-là, dit l'Émule en articulant soigneusement chaque mot. Je ne le supporterais pas ! Mais j'ai un trophée de guerre.

L'Émule posa fièrement le baromètre au milieu de la table.

– Oh ! Ça brille ! C'est beau ! s'écria mademoiselle Snorque. C'est une pendule ?

– Non, c'est un baromètre, dit papa Moumine. Ça permet de savoir s'il va faire beau ou s'il va y avoir une tempête. Il arrive que ça marche…

Il tapota le baromètre et son visage se plissa.

– *Il va y avoir* une tempête ! dit-il gravement.

– Une grosse tempête ? demanda Snif, inquiet.

– Regarde, l'aiguille est sur 00, dit papa Moumine, et un baromètre ne peut pas descendre plus bas. Si c'est un baromètre sérieux.

C'était un baromètre sérieux : la brume s'était transformée en un épais brouillard jaunasse, et à l'horizon, la mer était étrangement noire.

– Il faut rentrer ! dit le Snorque.

– Déjà ! gémit mademoiselle Snorque. On n'a pas encore eu le temps d'explorer les rochers du côté de la mer ! Et on ne s'est même pas baignés !

– Attendons de voir ce que ça donne, dit Moumine. Ça serait bête de rentrer alors qu'on vient juste de découvrir cette île !

– Mais s'il y a une tempête, on ne pourra plus partir du tout ! dit le Snorque, très raisonnable.

– Formidable ! s'exclama Snif. On serait obligés de rester ici pour toujours !

– Silence, les enfants, laissez-moi réfléchir, dit papa Moumine.

Il descendit au bord de l'eau, renifla l'air, tourna la tête dans tous les sens et fronça les sourcils.

Dans le lointain, il y eut un grondement.

– Le tonnerre ! dit Snif ! Oh la la ! J'ai peur !

Un mur de nuages montait à l'horizon. Un mur d'un bleu très sombre qui poussait devant lui des petits nuages clairs. De temps en temps, une lueur flambait sur la mer.

– On reste ! décida papa Moumine.

– Toute la nuit ? cria Snif.

– Oui, je crois, dit papa Moumine. Dépêchez vous de construire un abri, la pluie arrive !

Ils tirèrent *l'Aventure* plus haut sur le sable, et, à la lisière du bois, ils se dépêchèrent de fabriquer un abri, avec la voile et les couvertures. Maman Moumine calfeutra les côtés avec de la mousse, et le Snorque creusa un fossé tout autour pour que l'eau puisse s'écouler, pendant que tout le monde courait dans tous les sens pour mettre les affaires à l'abri. Une petite rafale de vent passa dans les arbres, qui frémirent d'inquiétude. Et les grondements du tonnerre se rapprochèrent.

– Je vais voir le temps qu'il fait à la pointe de l'île, dit le Renaclerican.

Il enfonça son chapeau sur ses oreilles et s'en

alla. Tout content d'être seul, il marcha jusqu'au bout de l'île et s'adossa à un gros rocher.

La mer avait changé. Elle était verdâtre et noire, et ses longues vagues couronnées d'écume se brisaient sur les écueils jaunes comme du phosphore. Dans un grondement solennel, l'orage marchait vers le sud. Il avait déjà envahi la moitié du ciel, il gonflait ses grandes voiles noires au-dessus la mer, et les éclairs crachaient comme des bêtes furieuses.

« Il vient droit sur l'île », pensa le Renaclerican avec un petit frisson de joie et d'impatience. Il regardait l'orage avancer sur la mer, quand il vit un petit cavalier noir sur un cheval noir. Il ne les vit qu'un court instant, juste au moment où ils se détachaient sur le bord lumineux du mur de nuages. Puis, sa cape déployée comme une aile, le chevalier s'éleva de plus en plus haut et se volatilisa dans un fourmillement d'éclairs aveuglants. Le soleil disparut, et la pluie s'abattit sur la mer, comme un rideau gris.

« J'ai vu le Sorcier ! pensa le Renaclerican.

Tove

C'était forcément le Sorcier sur sa panthère noire. Ils existent vraiment, ce n'est pas seulement une vieille légende. »

Le Renaclerican retourna en sautillant vers la plage, et il eut tout juste le temps de se mettre à l'abri. De lourdes gouttes frappaient déjà la voile qui claquait au vent, et bien avant la tombée de la nuit, le monde baignait déjà dans l'obscurité. Les fleurs de l'Émule embaumaient la tente, et ils étaient tous blottis les uns contre les autres. Sauf Snif, qui s'était enroulé dans une couverture, tellement il avait peur de l'orage. Tout à coup, le tonnerre éclata tout près, et une rafale d'éclairs illumina le refuge. Dans un fracas incessant, l'orage traînait ses chariots de fer tout autour du ciel, et la mer furieuse lançait ses plus grosses vagues sur l'île solitaire.

– Oulala ! Quel temps ! Heureusement qu'on n'est pas en mer, dit maman Moumine.

Mademoiselle Snorque avait mis sa patte tremblante dans celle de Moumine, qui se sentait très viril et protecteur.

Caché sous sa couverture, Snif poussait des cris.

– C'est juste au-dessus de nous ! dit papa Moumine.

Au même moment, un éclair gigantesque fondit sur l'île en sifflant, suivi d'un crépitement assourdissant.

– Celui-là n'est pas tombé loin ! dit le Snorque.

Ça commençait à faire *un petit peu trop* peur, quand même.

L'Émule, accroupi, se tenait la tête entre les pattes.

– Du raffut ! Toujours du raffut ! murmura-t-il.

Puis l'orage s'éloigna vers le sud. Le tonnerre se fit de plus en plus lointain, les éclairs s'espacèrent. Et bientôt, on n'entendit plus que le murmure de la pluie et le bruit des vagues sur le rivage. « Ce n'est pas le moment de leur raconter que j'ai vu le Sorcier, pensa le Renaclerican. Ils ont eu assez peur comme ça. »

– Sors de là, Snif, dit-il. C'est fini.

Clignant des yeux, Snif se dépêtra péniblement de sa couverture. Un peu gêné d'avoir tant crié, il se gratta derrière l'oreille en bâillant.

– Quelle heure est-il ? demanda-t-il.

– Bientôt huit heures, répondit le Snorque.

– Oulala ! Toutes ces émotions m'ont épuisée, dit maman Moumine. Allons nous coucher.

– Et si on allait voir où l'éclair est tombé ? demanda Moumine.

– Demain ! dit sa maman. Demain, nous irons explorer et nager dans la mer. Ce soir, tout est gris, mouillé et désagréable.

Puis elle les borda dans leurs couvertures, et elle s'endormit, son sac à main sous l'oreiller.

Dehors, le vent forcissait et d'étranges bruits se mêlaient au grondement des vagues. C'étaient des voix, des pas rapides, des rires et, au loin, des cloches sonnaient. Le Renaclerican écoutait, immobile, se rappelant ses voyages autour du monde. « Bientôt il faudra que je reparte, pensa-t-il. Mais pas encore. »

4

OÙ L'ON VOIT COMMENT MADEMOISELLE SNORQUE DEVINT CHAUVE LORS DE L'ATTAQUE NOCTURNE DES HATIFNATTES, ET OÙ L'ON DÉCOUVRE TOUTES SORTES D'ÉPAVES BIZARRES ÉCHOUÉES SUR L'ÎLE SOLITAIRE.

Mademoiselle Snorque fut réveillée en pleine nuit par une sensation horrible. Quelque chose lui avait frôlé le visage. Elle n'osait pas ouvrir les yeux, mais elle flaira autour d'elle, très inquiète. Ça sentait le roussi ! Elle se cacha la tête sous la couverture et appela tout bas :

– Moumine ! Moumine !

Moumine se réveilla aussitôt.

– Qu'est-ce qu'il y a ?

– Quelque chose est entré ici ! dit mademoiselle Snorque sous sa couverture. Je ne sais pas ce que c'est, mais je sens que c'est dangereux !

Moumine écarquilla les yeux dans le noir. En effet, il y avait quelque chose ! Des lueurs… de pâles apparitions qui luisaient faiblement et erraient entre les dormeurs. Moumine secoua le Renaclerican.

– Regarde ! murmura-t-il terrorisé. Des fantômes !

– Non, dit le Renaclerican, ce sont les Hatifnattes. L'orage les a rendus électriques, c'est pour ça qu'ils brillent. Ne bouge surtout pas, tu risques de prendre une décharge électrique !

Les Hatifnattes semblaient chercher quelque chose. Ils fouinaient dans les paniers, et l'odeur de roussi était de plus en plus forte. Tout à coup, ils se rassemblèrent dans le coin où dormait l'Émule.

– Tu crois qu'ils vont lui faire du mal ? demanda Moumine tout retourné.

– Je crois qu'ils cherchent le baromètre, dit le Renaclerican. Je lui avais bien dit, qu'il ne fallait pas l'emporter. Maintenant ils l'ont trouvé !

Unissant leurs efforts, les Hatifnattes se mirent à tirer sur le baromètre, et grimpèrent sur l'Émule pour avoir une meilleure prise. L'odeur de roussi était vraiment très forte.

Snif se réveilla et se mit à geindre.

Et puis on entendit un hurlement. Un Hatifnatte avait marché sur le museau de l'Émule.

Aussitôt, tout le monde se leva dans une pagaille indescriptible. On entendait des voix inquiètes, des questions, et les plaintes de ceux qui se brûlaient ou recevaient une décharge électrique en marchant sur un Hatifnatte. L'Émule courait partout en hurlant de terreur. Tout à coup, il se prit les pattes dans la voile, et la tente s'écroula. Ce fut absolument terrible.

Plus tard, quand il raconta l'événement, Snif

prétendit qu'ils avaient mis au moins une heure à se dépêtrer de la voile, mais c'était peut-être exagéré.

En tout cas, quand ils arrivèrent enfin à s'en extirper, les Hatifnattes avaient disparu dans la forêt avec le baromètre. Et personne n'eut envie de les poursuivre.

L'Émule enfonça son museau endolori dans le sable humide en gémissant bruyamment.

– C'est un monde ! dit-il. Pourquoi un innocent botaniste n'aurait-il pas le droit de vivre sa vie tranquillement ?

– La vie n'est pas tranquille, dit le Renaclerican, rabat-joie.

– Il ne pleut plus, dit papa Moumine. Regardez, les enfants, le ciel s'est dégagé ! Il va bientôt faire jour.

Maman Moumine frissonnait en contemplant la mer sombre et tourmentée. Elle serrait son sac à main contre elle, et elle avait froid.

– On pourrait fabriquer une autre maison et essayer de dormir encore un peu ? demanda-t-elle.

– Ça ne vaut pas la peine, dit Moumine. On va s'enrouler dans les couvertures en attendant que le soleil se lève.

Ils s'assirent en rang sur la plage, serrés les uns contre les autres. Snif s'installa au milieu, parce que c'était plus sûr.

– Quelle horreur, cette chose qui m'a frôlé le visage dans le noir ! dit mademoiselle Snorque. C'était pire que l'orage !

Ils regardaient la nuit pâlir sur la mer. La tempête s'était calmée, mais les vagues grondantes continuaient de déferler sur le sable. Le ciel s'éclairait à l'est, et il faisait très froid. C'est là que, dans les premières lueurs de l'aube, ils virent les Hatifnattes quitter l'île. L'un après l'autre, comme des ombres, leurs bateaux sortirent de derrière la pointe et s'éloignèrent sur la mer.

– Bon débarras ! dit l'Émule. J'espère bien ne plus jamais revoir un seul Hatifnatte.

– Ils vont sans doute chercher une autre île, une île secrète que personne ne trouvera jamais, dit le Renaclerican en suivant d'un regard nostalgique leurs frêles embarcations.

Le premier rayon doré éclaira l'horizon, quelques petits nuages oubliés par la tempête se teintèrent de rose, et soudain, le soleil resplendit au-dessus de la mer.

Mademoiselle Snorque dormait, la tête sur les genoux de Moumine. Quand il se pencha pour la réveiller, il vit une chose épouvantable : sa jolie frange avait brûlé ! C'était sûrement arrivé quand les Hatifnattes l'avaient frôlée. Comment allait-elle prendre ça ? Et comment la consoler ? C'était une catastrophe !

Mademoiselle Snorque ouvrit les yeux et sourit.

– Tu sais quoi ? dit Moumine à toute vitesse. C'est drôle, mais plus ça va, plus je préfère les demoiselles sans cheveux à celles qui en ont !

– Ah bon ? fit mademoiselle Snorque, interloquée. Et pourquoi ça ?

– Les cheveux, ça fait désordre ! dit Moumine.

Mademoiselle Snorque leva la patte pour se coiffer, et là, malheur de malheur… Elle attrapa une minuscule touffe de cheveux brûlés qui lui resta dans la main.

Elle regardait ça, horrifiée.

– Tu es chauve, constata Snif.

– Ça te va très bien, dit Moumine, encourageant. Oh ! non, ne pleure pas !

Mais mademoiselle Snorque se jeta sur le sable en sanglotant, désespérée d'avoir perdu ce qui faisait sa beauté.

Tous l'entourèrent et essayèrent de la consoler. En vain !

– Moi je suis né chauve, dit l'Émule, et j'en suis tout à fait satisfait !

– On va te frotter avec de l'huile, ça va peut-être repousser, dit papa Moumine.

– Et tu seras toute frisée ! dit maman Moumine.

– C'est vrai, ça ? renifla mademoiselle Snorque.

– *Bien sûr* que c'est vrai ! Tu t'imagines comme tu seras mignonne avec les cheveux frisés ?

Mademoiselle Snorque arrêta de pleurer et se releva.

– Regardez le soleil, dit le Renaclerican.

Tout frais lavé, le soleil sortait de la mer. Et l'île entière brillait après la pluie.

– Je vais vous jouer mon air du matin, dit le Renaclerican en sortant son harmonica. Et tous se mirent à chanter avec enthousiasme :

La nuit s'en est allée,
le soleil s'est levé.
Finis les ennuis !
Hier est parti !
L'Hatifnatte a fui
vers de lointains pays
et la p'tite demoiselle

sera encore plus belle !
Yo-hou !

– Allez, on va se baigner ! cria Moumine.

Tout le monde mit son maillot de bain et tout le monde se jeta dans les vagues (sauf l'Émule et papa Moumine, qui trouvaient le fond de l'air un peu frais).

Des grosses vagues vertes roulaient leur écume blanche sur le sable.

Quel bonheur, d'être un troll mal réveillé qui danse au soleil levant dans la transparence des vagues !

Ils avaient déjà oublié la nuit, et ils avaient devant eux une longue journée de juin. Ils fendaient l'eau comme des marsouins, ou se laissaient porter sur la crête des vagues jusqu'au rivage, où Snif s'amusait à patauger. Le Renaclerican faisait la planche au large, en contemplant le ciel bleu et transparent.

Pendant ce temps, maman Moumine préparait le café sur les galets. Elle chercha le beurrier qu'elle avait caché dans le sable, au frais, mais la tempête l'avait emporté.

– Qu'est-ce que je vais mettre sur leurs tartines ? demanda-t-elle, désolée.

– La tempête nous a sûrement apporté autre chose à la place, dit papa Moumine. Après le café, on ira explorer les plages pour voir ce que la mer a rejeté !

Et c'est ce qu'ils firent.

De l'autre côté de l'île, des rochers polis par la mer dressaient leurs dos luisants, et au milieu se cachaient des petites plages parsemées de coquillages. C'étaient les pistes de danse des demoiselles d'eau. Il y avait aussi des cavernes noires et mystérieuses, où les vagues venaient cogner, résonnant comme sur un portail de fer. Parfois, une petite grotte s'ouvrait entre les rochers, et parfois les rochers tombaient à pic dans l'eau bouillonnante. Chacun s'en alla de son côté à la recherche d'épaves – une occupation passionnante, car on peut trouver des choses incroyables, et c'est parfois assez dangereux, de les sauver de la mer.

Maman Moumine descendit vers une toute petite plage cachée par d'énormes rochers. Il y poussait des œillets sauvages, et des roseaux qui bruissaient et sifflaient dans le vent. Maman Moumine s'allongea sur le sable à l'abri du vent. Elle ne voyait que le bleu du ciel et les œillets de mer qui se balançaient au-dessus de sa tête. « Je vais juste me reposer un peu », se dit-elle. Mais bientôt, elle s'endormit profondément sur le sable chaud.

Le Snorque, lui, escalada le plus grand des rochers et regarda alentour. De là-haut, il voyait l'île tout entière, qui semblait flotter comme un bouquet de fleurs sur la mer agitée. Là-bas, minuscule point errant sur le rivage, Snif cherchait des épaves. On apercevait aussi le chapeau du Renaclerican, et encore plus loin, l'Émule déterrant une orchidée rare… Et là… C'était sûrement là que la foudre était tombée ! Dix fois plus grand que la maison Moumine, il y avait un énorme rocher fendu comme une pomme. Ses deux moitiés s'étaient écartées, formant au centre une crevasse verticale. Très impressionné, le Snorque entra dans la crevasse et leva le nez vers le sommet des sombres parois de la roche. Voilà où était passée la foudre ! Un chemin noir comme du charbon s'enfonçait dans la roche, mais c'était quoi, cette ligne claire et scintillante sur le bord ? De l'or ! C'était forcément de l'or !

Le Snorque gratta la traînée brillante avec son couteau de poche, et une minuscule pépite tomba dans sa patte. Il continua de gratter doucement et des morceaux de plus en plus gros se détachèrent. Tout rouge d'excitation, le Snorque gratta de plus en plus fort, oubliant tout, sauf ce filon d'or étincelant que la foudre avait mis à découvert. Il n'était plus chercheur d'épaves, il était chercheur d'or !

Pendant ce temps, Snif fit une trouvaille toute simple, qui le rendit au moins aussi heureux : une ceinture de natation en liège. Elle était un peu pourrie à cause de l'eau de mer, mais elle lui allait parfaitement. « Maintenant, j'irai même où je n'ai pas pied ! pensa Snif. Et j'apprendrai à nager aussi bien que les autres. C'est Moumine qui va être surpris ! »

Un peu plus loin, au milieu du goémon, des flotteurs et des écorces de bouleau, il trouva un tapis en raphia, une vieille godasse sans talon et une écope presque entière. Merveilleux trésors arrachés à la mer !

Soudain, Snif aperçut Moumine. Il était dans l'eau et tirait sur quelque chose de toutes ses forces. Quelque chose de grand ! « Si seulement je l'avais vu le premier, pensa Snif. Qu'est-ce que ça peut bien être ? »

Moumine était enfin arrivé à sortir son épave et la roulait devant lui sur le sable. Dressé sur la pointe de ses petites pattes, Snif réussit à voir ce que c'était. Une bouée de sauvetage ! Une grande bouée, vraiment belle !

– Yo-hou ! cria Moumine. Qu'est-ce que tu dis de ça ?

Snif pencha la tête et dit d'un air blasé :

– Pas mal… Et qu'est-ce que tu penses de ça ?

Il aligna ses trouvailles sur le sable.

– La ceinture en liège est bien, dit Moumine. Mais qu'est-ce qu'on fait avec une moitié d'écope ?

– Si on va très vite, ça peut marcher ! dit Snif. J'ai une idée ! Si on échangeait ? Le joli tapis en raphia, l'écope et la chaussure contre cette vieille bouée ?

– Jamais de la vie ! dit Moumine. À la rigueur, la ceinture en liège contre ce mystérieux talisman qui a certainement dérivé d'une côte lointaine

C'était un objet étrange, en verre creux.

Moumine le secoua, et une nuée de flocons de neige tourbillonna dans la boule de verre, retombant doucement sur une petite maison avec des fenêtres en papier d'argent.

– Ooohhh… fit Snif.

Il avait toujours envie de tout, et dans son cœur se livrait un combat déchirant.

– Regarde ! dit Moumine en secouant la neige.

– Je ne sais pas… dit Snif, désespéré. Je ne sais vraiment pas ce que j'aime le plus, la ceinture de natation ou le talisman d'hiver. Ça me fend le cœur !

– Ce talisman d'hiver est sans doute unique au monde ! déclara Moumine.

– Mais je veux *aussi* la ceinture de natation ! gémit Snif. S'il te plaît, Moumine, est-ce qu'on ne pourrait pas partager la petite tempête de neige ?

– Hmm… fit Moumine.

– Je pourrais l'avoir un peu de temps en temps ? pria Snif. Le dimanche ?

Moumine réfléchit et dit :

– D'accord. Tu l'auras le dimanche et le mercredi.

Loin de là, le Renaclerican continuait de vadrouiller. Il s'approchait le plus possible des vagues, et dès qu'elles mordillaient ses chaussures, il sautait de côté en ricanant. Ça devait bien les énerver, les vagues !

Presque arrivé à la pointe de l'île, le Renaclerican tomba sur papa Moumine, qui était occupé à ramasser des planches et des rondins.

– Épatant, non ? dit papa Moumine, essoufflé. Avec ça, je vais construire un ponton pour *l'Aventure* !

– Voulez-vous que je vous aide ? demanda le Renaclerican.

– Pas question ! dit papa Moumine. Je me

débrouille très bien comme ça ! Essaie de trouver quelque chose toi-même !

Le Renaclerican jeta un œil vers les objets échoués. Il y avait beaucoup de choses à sauver de la mer, mais rien ne lui plaisait vraiment. Des petits tonneaux, une moitié de chaise, un panier sans fond, une planche à repasser… C'était tout juste bon à vous encombrer !

Et il repartit en sifflotant, les mains dans les poches. Il préférait continuer de taquiner les vagues sur la plage. Il les esquivait, il courait après, et il les esquivait à nouveau.

Non loin de là, mademoiselle Snorque escaladait les rochers. Elle avait caché sa frange brûlée sous une couronne d'iris, et elle cherchait l'épave qui allait époustoufler les autres et les rendre jaloux. Et quand ils auraient bien admiré son épave, elle l'offrirait à Moumine (sauf, bien sûr, si c'était un bijou ou quelque chose comme ça). Ce n'était pas commode de grimper sur les rochers, et sa couronne risquait de s'envoler. Mais la tempête s'était enfin calmée. La mer était passée du vert agressif au bleu tranquille, et l'écume des vagues, moins menaçante, se contentait de faire joli. Mademoiselle Snorque descendit sur un petit banc de cailloux qui bordait le rivage, mais elle ne trouva que du goémon, quelques roseaux et des bouts de planches. Déçue, elle continua d'errer vers la pointe de l'île.

« Les autres font toujours des choses extraordinaires et jamais moi, c'est bien triste, pensa mademoiselle Snorque. Ils flottent sur des glaçons, ils construisent des barrages dans les ruisseaux et ils capturent des Fourmilions. J'aimerais faire une chose extraordinaire, moi toute seule, pour impressionner Moumine. »

Elle contemplait la plage déserte en poussant des gros soupirs, quand soudain, son cœur fit un bond. Tout au bout de la pointe, là-bas… Oh non, c'était trop horrible ! Quelqu'un flottait sur les vagues, la tête sous l'eau ! Et ce quelqu'un était très grand, dix fois plus grand que la petite demoiselle Snorque !

« Je vais courir chercher les autres », pensa-t-elle. Mais elle ne bougea pas. « Ah non ! Cette fois, tu ne vas pas avoir peur ! Tu dois aller voir qui c'est ! » Toute tremblante, elle s'approcha de l'horrible chose. C'était une grande dame…

Une grande dame sans jambes. Quelle horreur ! Mademoiselle Snorque fit quelques pas sur ses pattes flageolantes et s'arrêta, stupéfaite. La grande dame était en bois ! Et elle était merveilleusement belle ! Son visage paisible souriait dans l'eau transparente, elle avait les joues et les lèvres rouges, ses yeux bleus étaient grands ouverts, et ses longs cheveux bouclés, qui étaient bleus aussi, serpentaient sur ses épaules.

« C'est une reine », pensa mademoiselle Snorque avec respect.

Les mains de la belle dame étaient croisées sur sa poitrine ornée de chaînes et de fleurs dorées, et les plis soyeux de sa robe rouge flottaient autour de sa taille mince. Et tout ça était en bois peint. La seule chose bizarre, c'était qu'elle n'avait pas de dos.

« C'est presque trop beau pour Moumine, pensa mademoiselle Snorque. Mais je lui offrirai quand même ! »

Et ce soir-là, ce fut une demoiselle Snorque très fière qui arriva en pagayant, à califourchon sur le ventre de la reine en bois, dans la crique où était amarrée *l'Aventure*.

– Tu as trouvé un bateau, *toi* ? dit le Snorque.

– Et tu as réussi à l'amener ici toute seule ? dit Moumine, admiratif.

– C'est une figure de proue ! dit papa Moumine qui avait été marin dans sa jeunesse. Les marins décorent toujours la proue de leur navire avec une belle dame en bois.

– Pourquoi ? demanda Snif.

– Pour faire beau, dit le papa.

– Mais pourquoi elle n'a pas de dos ? demanda l'Émule.

– C'est par là qu'elle est fixée à la proue, voilà pourquoi, dit le Snorque. Un souriceau de deux jours peut comprendre ça !

– Elle est trop grande pour qu'on la mette sur *l'Aventure*, dit le Renaclerican. C'est dommage !

– Oulala ! Quelle belle dame ! soupira maman Moumine. Vous vous rendez compte, être si belle et ne pas pouvoir en profiter !

– Qu'est-ce que tu vas en faire ? demanda Snif.

Mademoiselle Snorque baissa les yeux en souriant. Puis elle dit :

– Je vais la donner à Moumine.

Moumine en resta muet. Tout rouge, il fit un pas vers elle et s'inclina. Troublée, elle lui fit une petite révérence. On aurait dit qu'ils venaient de se rencontrer à une réception.

– Dis donc, ma sœur, trancha le Snorque. Regarde un peu ce que j'ai trouvé, moi !

Il montra fièrement le grand tas d'or qui étincelait sur le sable.

Mademoiselle Snorque écarquilla les yeux.

– De l'or, du vrai ! souffla-t-elle.

– Et il y en a encore plein, plein ! dit le Snorque tout bouffi d'orgueil. Une montagne d'or !

– Et moi, j'ai le droit de ramasser les bouts qui tombent tout seuls et de les garder pour moi, dit Snif.

Ils n'en finissaient pas d'admirer les trouvailles des uns et des autres. Voilà que tout d'un coup, la famille Moumine était devenue riche. Mais les deux choses les plus précieuses, c'étaient la figure de proue et la petite tempête de neige dans la boule de verre.

Ce fut un voilier lourdement chargé qui, enfin, quitta l'île dans la houle d'après l'orage. Il traînait derrière lui un tas de rondins et de planches, et il emportait de l'or, un talisman d'hiver, une grande et vraiment belle bouée, une chaussure, une moitié d'écope, une ceinture de natation et un tapis en raphia. Couchée à l'avant du bateau, la figure de proue scrutait la mer, et Moumine, une patte sur ses beaux cheveux bleus, rayonnait de bonheur.

Mademoiselle Snorque ne pouvait s'empêcher de les regarder. « Si seulement j'étais aussi belle que la dame, pensa-t-elle. Mais je n'ai même plus ma frange. » Et elle se sentait beaucoup moins joyeuse que tout à l'heure. Presque triste, même.

– Tu l'aimes, la dame ? demanda-t-elle.

– Beaucoup ! dit Moumine sans quitter la reine des yeux.

– Je croyais que tu n'aimais plus les demoiselles avec des cheveux ! dit mademoiselle Snorque. En plus, c'est juste du bois et de la peinture !

– Mais de la belle peinture ! dit Moumine.

Cette fois, mademoiselle Snorque était vraiment triste. La gorge serrée, elle regardait la mer et devenait toute grise.

– La reine en bois a l'air idiote ! dit-elle furieuse.

Moumine leva les yeux.

– Pourquoi tu es grise ?

– Pour rien ! dit mademoiselle Snorque.

Alors Moumine vint s'asseoir à côté d'elle.

– Tu sais quoi ? dit-il au bout d'un moment. Moi aussi, je trouve que la reine en bois a l'air idiote !

– Ah ! Tu vois ? fit mademoiselle Snorque en redevenant toute rose.

Le soleil descendait lentement vers l'ouest, et la longue houle brillante se colorait de vert et or. Puis tout devint doré : la voile, le bateau et son équipage.

– Tu te rappelles le papillon doré ? dit Moumine.

Mademoiselle Snorque fit oui de la tête. Elle était heureuse et fatiguée.

Au loin, très loin, l'île solitaire flamboyait dans le soleil couchant.

– Je me demande ce que vous allez faire avec l'or du Snorque, dit le Renaclerican.

– On va le mettre autour des plates-bandes pour faire joli, dit maman Moumine. Seulement les gros morceaux, bien sûr, les petits feraient trop fouillis.

Là-dessus, ils se turent et regardèrent le soleil qui plongeait dans la mer. Tout pâlit, puis se fondit dans des teintes bleu-violet, tandis que *l'Aventure* rentrait, bercé par les vagues.

5

OÙ IL EST QUESTION DU RUBIS ROYAL, DE LA PÊCHE DU SNORQUE, DE LA MORT DU MAMELUK, ET AUSSI DE LA MAISON MOUMINE TRANSFORMÉE EN JUNGLE.

Vers la fin juillet, une chaleur écrasante tomba sur la vallée des Moumine. Les mouches n'avaient plus le courage de bourdonner, les arbres poussiéreux semblaient épuisés, et la rivière n'était plus qu'un mince filet d'eau brunâtre entre les prés desséchés. On ne pouvait même plus la transformer en sirop dans le chapeau de Sorcier (qui avait été remis à l'honneur et trônait sur la commode devant la glace).

Jour après jour, le soleil tapait sur la vallée cachée entre les collines. Les oiseaux se taisaient, et les petites bestioles cherchaient la fraîcheur au fond de leurs tunnels. Quant aux amis de Moumine, la chaleur les rendait nerveux. Et ils commencèrent à se chamailler.

– Maman, dit Moumine, trouve-nous quelque chose à faire ! Il fait vraiment trop chaud et on n'arrête pas de se disputer !

– Oui mon petit, dit maman Moumine. J'ai remarqué. Et j'aimerais bien être un peu débarrassée de vous ! Vous ne pouvez pas vous installer dans la grotte quelques jours ? Il y fait plus frais, et vous pourriez vous rafraîchir dans l'eau toute la journée. Ça vous calmerait.

– On peut même dormir dans la grotte ? demanda Moumine.

– Bien sûr ! dit la maman. Et vous rentrerez quand vous serez de meilleure humeur !

C'était très excitant, d'aller habiter dans

la grotte pour de bon.

Ils posèrent la lampe à pétrole par terre, au milieu. Puis chacun se creusa un lit dans le sable : un petit trou pour les petits, un trou en long pour ceux qui dormaient allongés, un trou en rond pour ceux qui dormaient en rond. Après, ils partagèrent les provisions en six tas égaux. Il y avait du flan aux raisins, de la purée de potiron, des bananes, des bonbons à la menthe, des épis de maïs et une grande crêpe pour le petit déjeuner du lendemain.

Vers le soir, un vent léger se leva et caressa le rivage, puis le soleil se coucha dans le rouge, emplissant la grotte de sa chaude lumière. Le Renaclerican joua ses airs de crépuscule, et mademoiselle Snorque posa sa tête frisée sur les genoux de Moumine. Après le flan aux raisins, tout le monde était d'excellente humeur. Le vent du soir faisait frissonner, mais pas trop.

– C'est moi qui ai découvert cette grotte autrefois, dit Snif.

Personne ne se donna la peine de lui faire

remarquer qu'il avait déjà dit ça des centaines de fois.

– Vous auriez le courage d'écouter une histoire qui fait peur ? demanda le Renaclerican en allumant la lampe.

– Une peur grande comment ? demanda l'Émule.

– À peu près comme d'ici à l'entrée, ou même un peu plus, dit le Renaclerican. Si tu vois ce que je veux dire.

– D'accord, dit l'Émule. Vas-y, raconte, je te dirai quand j'aurai peur.

– Bon, dit le Renaclerican. Cette histoire, c'est une Boine qui me l'a racontée quand j'étais petit. Au bout du monde, il y a une montagne d'une hauteur vertigineuse. Elle est noire comme le charbon et lisse comme la soie. Elle tombe à pic dans un précipice sans fond, et les nuages voguent autour d'elle. Mais tout en haut, sur le sommet, il y a la maison du Sorcier. Elle est comme ça. (Le Renaclerican dessina la maison dans le sable.)

– Elle n'a pas de fenêtres ? demanda Snif.

– Non, dit le Renaclerican. Et pas de porte non plus, puisque le Sorcier rentre par les airs, monté sur une panthère noire. Il sort toujours la nuit, pour ramasser des rubis qu'il met dans sa cape.

– Quoi ? cria Snif en dressant ses oreilles. Des rubis ? Comment il fait pour les trouver ?

– Le Sorcier peut se changer en n'importe quoi, expliqua le Renaclerican. Et il peut pénétrer dans la terre, ou au fond des mers, là où se trouvent les trésors cachés.

– Qu'est-ce qu'il fait de toutes ces pierres précieuses ? demanda Snif, envieux.

– Rien, dit le Renaclerican. Il les collectionne, c'est tout. Un peu comme l'Émule avec ses plantes.

– Qui a dit quoi ? s'écria l'Émule, réveillé en sursaut dans son trou de sable.

– Je disais que la maison du Sorcier est pleine de rubis. Il y en a partout, entassés par terre ou incrustés dans les murs comme des yeux de bêtes sauvages. La maison n'a pas de toit, et les nuages qui passent au-dessus deviennent rouge sang, en reflétant les rubis. Les yeux du Sorcier sont rouges aussi, et ils brillent dans le noir.

– Je crois que je ne vais pas tarder à avoir peur, dit l'Émule. Vas-y doucement, s'il te plaît !

– Comme il doit être heureux, ce Sorcier ! dit Snif.

– Pas du tout, dit le Renaclerican, parce qu'il n'a toujours pas trouvé le Rubis Royal, celui qui est presque aussi gros que la tête de sa panthère et qui ressemble à une boule de feu liquide – c'est ce qu'on dit, en tout cas. Le Sorcier l'a cherché sur toutes les planètes, même Neptune, et il ne l'a pas trouvé. Il est parti sur la Lune pour fouiller les cratères, mais il n'y croit pas vraiment, car au fond, il pense que le Rubis Royal est sur le Soleil. Et il ne peut pas y aller. Il a essayé plusieurs fois, mais il y fait trop chaud. Voilà ce que m'a raconté la Boine.

– C'est une belle histoire, dit le Snorque. Donne-moi encore un bonbon à la menthe.

Le Renaclerican resta un moment silencieux, puis il dit :

– Ce n'est pas une histoire. C'est vrai.

– J'en étais sûr, dit Snif. Cette histoire de rubis sonne vrai !

– Et comment sais-tu que le Sorcier existe vraiment ? demanda le Snorque, méfiant.

– Je l'ai vu, dit le Renaclerican en allumant sa pipe. J'ai vu le Sorcier et sa panthère quand on était sur l'île des Hatifnattes. Je les ai vus dans le ciel au milieu de l'orage.

– Et tu n'as rien dit ! s'exclama Moumine.

Le Renaclerican haussa les épaules.

– J'aime les secrets, dit-il. Et d'après cette Boine, le Sorcier portait un haut-de-forme noir.

– Ça alors ! cria Moumine.

– C'est sûrement ça ! cria mademoiselle Snorque.

– Sûrement, dit le Snorque.

– Sûrement quoi ? demanda l'Émulc. Expliquez-moi un peu…

– Le chapeau, bien sûr, dit Snif. Le grand chapeau noir que j'ai trouvé au printemps dernier ! Le chapeau magique ! Le vent a dû l'emporter quand le Sorcier est parti sur la Lune !

Le Renaclerican hocha la tête.

– Mais alors, si jamais il revient chercher son chapeau… dit mademoiselle Snorque, terrifiée. Je n'oserai jamais regarder ses yeux rouges !

– Il doit être encore sur la Lune, dit Moumine. C'est loin, la Lune ?

– Assez loin, dit le Renaclerican. Et ça prend un temps fou, de fouiller tous les cratères.

Il y eut un grand silence inquiet. Ils pensaient tous au chapeau noir posé sur la commode, devant la glace.

– Remonte un peu la mèche de la lampe, dit Snif.

– Vous entendez ? Là, dehors… chuchota l'Émule.

Les yeux écarquillés, ils fixèrent l'ouverture toute noire de la grotte. On entendait des petits bruits… Les pas feutrés d'une panthère, peut-être ?

– C'est la pluie, dit Moumine. Le temps a changé. Maintenant, on va dormir un peu.

Ils se pelotonnèrent dans leurs trous de sable, sous leurs couvertures. Moumine éteignit la lampe et s'endormit, bercé par le bruit léger de la pluie.

L'Émule se réveilla le premier parce que son trou était plein d'eau. Dehors, la pluie tiède de l'été fouettait la grotte, et dedans, elle coulait en petites rigoles le long des parois. Et toute cette eau – celle du dehors et celle du dedans – venait se déverser justement dans son trou à lui.

– Misère de misère ! ronchonna l'Émule.

Il essora sa robe et sortit voir le temps qu'il faisait. Tout était d'un gris uniforme, tout était misérable et mouillé. L'Émule se demanda vaguement s'il avait envie de se baigner. Mais il n'avait pas envie. « Rien ne va jamais comme on veut, pensa tristement l'Émule. Hier, il faisait trop chaud, et aujourd'hui, c'est trop mouillé. »

Le trou du Snorque avait l'air plus sec que les autres.

– Pousse-toi un peu, dit l'Émule. Il a plu dans mon lit.

– Tant pis pour toi, dit le Snorque en lui tournant le dos.

– Voilà pourquoi je pensais dormir dans ton trou… insista l'Émule. Ne sois pas mesquin.

Mais le Snorque se contenta de grogner et se rendormit. Alors l'Émule sentit monter dans son cœur un désir de vengeance, et il creusa un petit canal entre son trou et celui du Snorque.

– Ça n'est pas très émulien, dit le Snorque en s'asseyant sous sa couverture mouillée. Mais je ne te croyais pas capable d'avoir une idée aussi astucieuse !

– Ça m'est venu comme ça ! dit l'Émule, content comme tout. Qu'est-ce qu'on va faire aujourd'hui ?

Le Snorque pointa son museau dehors pour voir l'état de la mer et du ciel. Puis il dit, l'air connaisseur :

– On va pêcher. Réveille tout le monde, je vais préparer le bateau !

Le Snorque descendit vers le sable mouillé, monta sur le ponton que papa Moumine avait construit, et huma l'air marin. Il n'y avait pas le moindre souffle de vent, la pluie tombait doucement, et chaque goutte formait un rond parfait dans une mer d'huile. En parlant tout seul, le Snorque sortit de la remise la plus grosse boîte de lignes de fond. Puis il alla chercher le vivier sous le ponton et entreprit d'accrocher les appâts aux lignes, tout en sifflotant l'air de chasse du Renaclerican.

Tout était prêt quand les autres sortirent de la grotte.

– Vous voilà enfin ! dit le Snorque. Émule, enlève le mât et installe les tolets.

– Est-ce qu'il faut *vraiment* aller à la pêche ? demanda sa sœur. Il ne se passe jamais rien, quand on va à la pêche. Et puis ça me fait de la peine pour les petits poissons.

– Eh bien, aujourd'hui, il va se passer quelque chose, dit le Snorque. Mets-toi à l'avant, c'est là que tu gênes le moins.

– Je vais vous aider ! cria Snif en attrapant la boîte de lignes de fond.

Il sauta de travers sur le bord du bateau, qui bascula. La boîte se renversa, et la moitié de son contenu se retrouva emberlificoté avec l'ancre et les tolets.

– Excellent ! dit le Snorque. Vraiment excellent. Le pied marin, le calme à bord, et tout et tout… Et le respect du travail des autres, aussi ! Non mais franchement !

– Tu ne vas pas le gronder ? demanda l'Émule surpris.

– Le gronder ? Moi ? fit le Snorque avec un grand rire lugubre. Les capitaines ont-ils leur mot à dire ? Jamais ! Mettez carrément la boîte à l'eau, pendant que vous y êtes. Quelque chose finira bien par s'y accrocher.

Et le Snorque alla se cacher sous le pont arrière, une bâche sur la tête.

– Ça alors ! dit Moumine. Prends les rames, Rican. Nous, on va débrouiller ce chantier. Snif, tu es un âne.

– Bien sûr… dit Snif plein de gratitude. On commence par quel bout ?

– Par le milieu, dit Moumine. Fais attention de ne pas t'emmêler la queue, en plus.

Le Renaclerican se mit à ramer lentement vers le large.

Pendant ce temps, maman Moumine allait et venait dans sa maison. Elle se sentait euphorique. La pluie chuchotait dans le jardin, et partout régnaient la paix, l'ordre et le silence.

« Ça va bien pousser ! se dit-elle. Et c'est bien, de les avoir expédiés dans la grotte ! »

Il lui vint l'idée de faire un peu de ménage, et elle entreprit de ramasser les chaussettes, les pelures d'oranges, les cailloux bizarres, les morceaux d'écorce et tout ce qui traînait par là. Dans la boîte à musique, elle trouva quelques cryptogames que l'Émule avait oublié de mettre dans sa presse. Maman Moumine en fit une boulette, tout en écoutant tomber la pluie. « Ça va vraiment bien pousser ! » pensa-t-elle à nouveau, en laissant tomber la boulette de cryptogames. Laquelle boulette atterrit droit dans le chapeau du Sorcier. Mais maman Moumine ne s'aperçut de rien, et elle se retira dans sa chambre pour une petite sieste, car elle n'aimait rien tant que s'endormir avec le bruit de la pluie sur le toit.

La ligne du Snorque reposait sournoisement au fond de la mer depuis des heures, et mademoiselle Snorque s'ennuyait à mourir.

– L'intérêt, c'est la surprise, lui expliqua Moumine. Il peut arriver qu'il y ait quelque chose à *tous les hameçons en même temps*, tu imagines ?

Mademoiselle Snorque soupira.

– Quelle surprise ? On descend l'hameçon avec une moitié d'ablette, et il remonte avec une perche entière. On le sait bien !

– Ou rien du tout ! dit le Renaclerican.

– Ou un mulet, dit l'Émule.

– Une fille ne peut pas comprendre ça, déclara le Snorque, histoire d'en finir. D'ailleurs, on peut ramener la ligne, maintenant. Surtout, ne criez pas ! Doucement ! Doucement !

Le premier hameçon apparut. Tout nu. Puis le deuxième hameçon, tout nu aussi.

– Ça prouve qu'ils sont tout au fond, dit le Snorque. Et qu'ils sont très gros. Silence tout le monde !

Il tira encore quatre hameçons tout nus et dit :

– C'est un malin, il mange les appâts. Il doit être vraiment très gros.

Tout le monde se pencha par-dessus le bastingage pour scruter les profondeurs noires où traînait la ligne.

– D'après toi, c'est quel genre de poisson ? demanda Snif.

– Au moins un Mameluk, dit le Snorque. Regardez-moi ça, encore dix hameçons vides !

– Pffff… fit mademoiselle Snorque.

– Pffff toi-même ! cria son frère furieux en continuant de tirer. Taisez-vous, sinon vous allez lui faire peur !

Les hameçons remontaient un à un, avec des touffes d'algues et de goémon, et rien d'autre. Pas le moindre poisson. Absolument rien du tout.

Soudain, le Snorque cria :

– Attention ! Ça mord ! Je suis sûr que ça mord !

– Le Mameluk ! cria Snif.

– Du calme ! fit le Snorque, plutôt crispé. Silence total ! Le voilà !

La ligne s'était d'abord tendue, puis relâchée. Mais loin dans les profondeurs vert sombre, on vit apparaître et disparaître une lueur pâle. Était-ce le ventre blanc du Mameluk ? Une chose venue d'en bas, comme arrachée aux mystérieux fonds marins, montait vers la surface… Une chose énorme, menaçante et immobile. Et puis, comme un tronc d'arbre géant, une forme verte et moussue glissa sous le bateau.

– L'épuisette ! cria le Snorque. Où est l'épuisette ?

Mais son cri se perdit dans un grand fracas

d'écume. Une immense lame de fond souleva *l'Aventure* sur sa crête et fit brinquebaler la boîte de lignes. Puis, subitement, tout redevint calme.

La ligne arrachée pendouillait tristement par-dessus le bastingage, et d'énormes tourbillons marquaient le passage du monstre.

– Et maintenant, tu crois *encore* que c'est une perche ? demanda le Snorque à sa sœur d'une voix bizarre. Plus jamais je ne verrai un poisson pareil. J'y penserai toujours et ça me gâchera la vie.

– C'est là qu'elle s'est cassée, dit l'Émule en montrant la ligne. Quelque chose me dit que le fil était trop fin.

– Va voir ailleurs si j'y suis, dit le Snorque en

se cachant les yeux dans ses pattes.

L'Émule voulut ajouter quelque chose, mais le Renaclerican lui fila un coup de pied dans le tibia. Le silence se fit sur le bateau. Puis mademoiselle Snorque suggéra tout doucement :

– Si on essayait encore une fois ? La ligne tiendrait peut-être ?

Le Snorque renifla. Au bout d'un moment, il murmura :

– Et l'hameçon, alors ?

– Ton canif, dit mademoiselle Snorque. Si tu ouvres les deux lames, le tire-bouchon, le tournevis et le machin, ce poisson va bien s'accrocher quelque part !

Le Snorque ôta sa patte de ses yeux et dit :

– Et l'appât ?

– La crêpe, dit sa sœur.

Le Snorque pesa la situation un petit moment. Les autres retenaient leur souffle. Enfin il dit :

– En admettant que le Mameluk aime les crêpes…

Alors tout le monde sut que la pêche allait reprendre.

Ils fixèrent solidement le canif à la ligne avec un bout de fil de fer que l'Émule avait dans sa poche, puis ils y accrochèrent la crêpe, et ils plongèrent tout ça dans la mer.

Ils attendaient en silence.

Tout à coup, *l'Aventure* fit une embardée.

– Ssssss ! fit le Snorque. Il mord !

Encore une secousse. Et encore une. Puis un coup brutal qui les envoya tous au fond du bateau.

– Au secours ! cria Snif. Il va nous manger !

L'Aventure piqua du nez, puis se redressa et fonça vers le large. La ligne, tendue à craquer, dessinait deux moustaches d'écume blanche à l'endroit où elle plongeait dans l'eau.

Apparemment, le Mameluk aimait les crêpes.

– Du calme ! cria le Snorque. Du calme à bord ! Chaque homme à son poste !

– Pourvu qu'il ne plonge pas ! cria le Renaclerican qui s'était accroupi à l'avant.

Le Mameluk fonçait droit vers l'horizon. Et

bientôt, derrière eux, la côte ne fut plus qu'une mince ligne à peine visible.

– Il va tenir combien de temps ? demanda l'Émule.

– On coupe la ligne, dit Snif. Sinon, je décline toute responsabilité.

– Ah non ! Pas ça ! s'écria mademoiselle Snorque en secouant sa frange.

Le Mameluk fouetta l'air de sa queue gigantesque, fit demi-tour et repartit vers la côte.

– Il ralentit un peu, cria Moumine, qui surveillait le sillage, à genoux à l'arrière du bateau. Il se fatigue !

Certes, le Mameluk était fatigué, mais il était également de plus en plus fâché. Il tirait en zigzag en secouant la ligne si fort que *l'Aventure* tanguait dangereusement. Et parfois il rusait. Il restait tranquille un instant, et repartait si brusquement que les vagues inondaient l'avant du bateau.

Le Renaclerican sortit son harmonica et joua son air de chasse, tandis que les autres tapaient du pied à faire trembler le pont. Et à ce moment-là, enfin, le Mameluk tourna son énorme ventre en l'air.

Personne n'avait jamais vu ça, un ventre aussi gros.

Ils le regardèrent en silence, puis le Snorque dit :

– Je l'ai eu !

– Oui ! dit fièrement sa sœur.

Pendant qu'ils tiraient le Mameluk vers la côte, la pluie se mit à tomber plus fort. La robe de l'Émule était trempée, et le chapeau du Renaclerican ne ressemblait plus à rien.

– Ça doit être plutôt humide, dans la grotte… dit Moumine, qui ramait en grelottant.

Et au bout d'un moment, il ajouta :

– En plus, maman doit s'inquiéter…

– Dois-je comprendre que nous pourrions rentrer dans pas trop longtemps ? demanda Snif.

– Oui, pour leur montrer le poisson, dit le Snorque.

– *On rentre !* trancha l'Émule.

C'est très bien, les aventures et les histoires à faire peur. C'est très bien, d'être trempé, de se débrouiller tout seul, et tout ça. Mais à la longue, c'est *un peu inconfortable*.

Ils installèrent des planches sous le Mameluk et, rassemblant leurs forces, ils le traînèrent à travers la forêt. Sa gueule ouverte était si grande que les branches des arbres s'accrochaient à ses dents, et comme il devait peser des centaines de kilos, ils étaient obligés de se reposer à chaque tournant. Il pleuvait de plus en plus fort, et la pluie leur cachait la maison quand ils arrivèrent dans la vallée des Moumine.

– On pourrait le laisser ici, proposa Snif.

– Jamais de la vie ! dit Moumine, outré.

Ils traversaient le jardin, quand le Snorque s'arrêta net et dit :

– On s'est trompés de chemin.

– Mais non, dit Moumine. La remise à bois est là, et le pont est là-bas.

– Et la maison, alors ? dit le Snorque.

Bizarre, en effet… La maison Moumine n'était pas à sa place. Elle n'existait plus, tout simplement. Ils déposèrent le Mameluk sur le sable d'or, devant le perron. Enfin, c'est une manière de parler, puisqu'il n'y avait plus de perron. En revanche…

Mais d'abord, il faut peut-être expliquer ce qui s'était passé dans la vallée des Moumine, pendant la pêche au Mameluk.

La dernière fois que nous avons parlé de maman Moumine, elle était montée dans sa chambre faire une petite sieste. Mais avant ça, elle avait mis un peu d'ordre. Distraitement, elle avait fait une boulette avec les cryptogames de l'Émule, et la boulette était tombée dans le chapeau du Sorcier. Elle n'aurait jamais dû faire le ménage !

En effet, pendant que la maison dormait, les cryptogames commencèrent à pousser comme par magie.

Lentement, ils sortirent du chapeau du Sorcier et rampèrent sur le sol. Des vrilles et des pousses grimpèrent le long des murs, s'accrochèrent aux rideaux, se faufilèrent dans les fentes et les trous de serrure. Avec l'humidité, les fleurs s'ouvrirent et les fruits mûrirent à une vitesse surnaturelle.

Des gerbes de feuillages montaient l'escalier, des plantes s'entortillaient autour des pieds de tables, et d'autres pendaient du lustre qui ressemblait à un nid de vipères.

En grossissant, les plantes emplissaient la maison d'une espèce de rumeur. Parfois, on entendait une petite explosion. C'était une fleur géante qui s'ouvrait, ou un fruit qui tombait sur le tapis. Mais maman Moumine croyait que c'était la pluie, et elle se retournait pour se rendormir.

Dans la pièce voisine, papa Moumine était en train d'écrire ses Mémoires. Comme il ne s'était rien passé d'amusant depuis la construction du ponton, il s'était attaqué à son enfance. C'était si émouvant qu'il était au bord des larmes. Il avait toujours été un enfant pas ordinaire, particulièrement doué, mais personne ne l'avait compris. En vieillissant, il était resté tout aussi incompris, et sa vie avait été terrible. Papa Moumine écrivait et écrivait, en pensant aux remords que tout le monde aurait en lisant ses Mémoires. Ça le remit de bonne humeur et il se dit : « Bien fait pour eux ! »

À ce moment, une prune tomba sur son papier et fit une grande tache bleue.

– Par ma queue ! s'exclama papa Moumine. Ils sont rentrés !

Il se retourna, et, voyant un tas de broussailles couvertes de baies jaunes, il se leva d'un bond, ce qui déclencha une pluie de prunes bleues sur sa table de travail. Au plafond poussaient des branches vigoureuses qui tendaient leurs ramifications vers la fenêtre.

– Au secours ! cria papa Moumine. Quelqu'un ! Au secours !

Maman Moumine se réveilla en sursaut et s'assit dans son lit. Stupéfaite, elle regarda sa chambre pleine de petites fleurs blanches qui pendaient du plafond sur de minces tiges, entrelacées de jolies feuilles vertes.

– Comme c'est beau ! dit maman Moumine. C'est sûrement Moumine qui a voulu me faire plaisir.

Elle écarta doucement le fin rideau de fleurs et sortit du lit.

– Au secours ! cria papa Moumine derrière la cloison. Ouvre-moi ! Je ne peux pas sortir d'ici !

Maman Moumine essaya de pousser sa porte, en vain. Les fortes tiges des plantes grimpantes l'avaient bloquée. Alors elle cassa le carreau de la porte de l'escalier et arriva à s'extirper par le trou, en se tortillant. Un grand figuier bouchait l'escalier, et le salon n'était plus qu'une jungle.

– Oulala ! dit maman Moumine. Je parie que c'est encore ce chapeau.

Et elle s'assit pour s'éventer avec une feuille de palmier.

Le Rat Musqué pointa son museau par-dessus les fougères de la salle de bains en gémissant :

– Voilà ce qui arrive quand on veut jouer au botaniste. Je me suis toujours méfié de cet Émule !

Et puis les lianes sortirent par la cheminée, grimpèrent sur le toit et recouvrirent toute la maison Moumine d'un luxuriant tapis vert.

Dehors, sous la pluie, Moumine regardait cette verte colline où, sans cesse, des fleurs s'ouvraient et des fruits mûrissaient, passant du vert au jaune, et du jaune au rouge.

– C'était ici, dit Snif.

– C'est là-dedans, dit Moumine, lugubre. Personne ne peut plus entrer et personne ne peut plus sortir. Plus jamais !

Intrigué, le Renaclerican s'approcha en reniflant. Pas de fenêtres, pas de porte. Juste un épais tapis de végétation sauvage. Il tira un bon coup sur un rameau. Il était impossible à casser, on aurait dit du caoutchouc. Mais le rameau profita de l'occasion pour faire un nœud de cabestan autour de son chapeau et le lui enlever.

– Encore une sorcellerie ! dit le Renaclerican. Ça commence à bien faire.

Pendant ce temps, Snif courait autour de ce qui avait été la véranda, totalement envahie par la végétation.

– Le soupirail de la cave ! cria-t-il. Il est ouvert !

Moumine se précipita et regarda par le trou noir.

– Entrons ! dit-il résolument. Mais vite, avant que ça ne se bouche, ici aussi !

Ils rampèrent l'un après l'autre dans l'obscurité de la cave.

– Attendez ! cria l'Émule qui était le dernier. Je ne passe pas !

– Alors reste dehors et surveille le Mameluk, dit le Snorque. Profites-en pour herboriser la maison.

Pendant que le pauvre Émule se lamentait sous la pluie, les autres montèrent à tâtons l'escalier de la cave.

– On a de la chance, dit Moumine. La porte est ouverte. Vous voyez, ça sert parfois d'être négligent !

– C'est moi qui ai oublié de la fermer à clé, dit Snif. C'est grâce à moi !

Un spectacle étrange les accueillit dans le salon. Le Rat Musqué, assis sur une branche, mangeait une poire.

– Où est maman ? demanda Moumine.

– Elle essaie de sortir ton papa de sa chambre avec la hache, dit le Rat Musqué. J'espère que le paradis des Rats Musqués est un endroit tranquille, ajouta-t-il amèrement, parce que je sens que je ne vais pas tarder à y aller.

Ils tendirent l'oreille. De grands coups de hache faisaient trembler le feuillage autour d'eux. Et soudain, un fracas, puis des cris de joie. Papa Moumine était libéré !

– Maman ! Papa ! cria Moumine en se frayant un chemin dans la jungle, en direction de l'escalier. Qu'est-ce que vous avez inventé pendant que je n'étais pas là ?

– Mon cher enfant, dit maman Moumine, je crois que nous avons encore fait une bêtise avec le chapeau du Sorcier. Mais montez ! J'ai trouvé un roncier plein de mûres dans l'armoire !

Ce fut un après-midi charmant.

Ils jouaient à un jeu de jungle, Moumine faisait Tarzan et mademoiselle Snorque faisait Jane. Snif était le fils de Tarzan, et le Renaclerican, Chita le chimpanzé. Le Snorque rampait dans le sous-bois avec un dentier en pelure d'orange[1]. Il représentait l'Ennemi en général.

– *Tarzan hungry*, dit Moumine en grimpant à une liane. *Tarzan eat now !*

– Qu'est-ce qu'il dit ? demanda Snif.

– Il veut manger, dit mademoiselle Snorque. C'est tout ce qu'il sait dire. Tu comprends, c'est de l'anglais. On parle anglais dans la jungle.

Perché sur l'armoire, Tarzan poussa son cri de jungle. Jane et ses amis sauvages répondirent aussitôt.

– Là, je crois que nous avons atteint le fond, soupira le Rat Musqué.

---

1. Demande à ta maman. Elle sait comment les faire ! (Note de l'auteur)

Tove

Il retourna se cacher dans la forêt de fougères et s'enroula la tête dans une serviette pour empêcher qu'un truc pousse dans ses oreilles.

– Attention, j'enlève Jane ! cria le Snorque en traînant mademoiselle Snorque par la queue sous la table du salon.

Mais quand il revint chez lui (dans le lustre), Moumine-Tarzan comprit tout de suite ce qui s'était passé. Il fabriqua un système de liane-poulie extrêmement ingénieux et descendit en poussant son cri de guerre (le cri qui fait trembler la jungle) pour délivrer Jane.

– Oulala ! dit maman Moumine. Ils s'amusent drôlement bien !

– Je m'amuse bien aussi, dit papa Moumine. Passe-moi une banane, s'il te plaît.

Ils jouèrent ainsi jusqu'au soir. Personne ne se souciait du soupirail, que la végétation avait maintenant recouvert comme tout le reste, et personne ne pensait au pauvre Émule.

Assis dans sa robe mouillée qui pendouillait tristement autour de ses jambes, il surveillait toujours le Mameluk. Parfois, il mangeait une pomme, ou il comptait les étamines d'une fleur de la jungle, mais entre-temps, il soupirait beaucoup.

La pluie avait cessé et le soir tombait. Mais au moment où le soleil se coucha, il se passa quelque chose sur la verte colline qui recouvrait la maison Moumine. Soudain, elle se mit à faner aussi vite qu'elle avait poussé. Les fruits se ridaient et tombaient, les fleurs penchaient la tête et les feuilles se recroquevillaient. Et puis la maison se mit à bruire et craquer de partout. L'Émule, qui observait le phénomène, s'approcha et tira sur une petite branche. Elle cassa net. Elle était sèche comme de l'amadou. Alors il eut une idée. Il fit un tas de brindilles et de branchages, il alla chercher des allumettes dans la remise à bois et alluma un beau feu au milieu de l'allée du jardin.

Tout content, il s'installa près du feu pour sécher sa robe. Et puis il eut encore une idée. Déployant des forces surémuliennes, il tira le Mameluk par la queue, jusqu'au feu. Le poisson grillé était son plat préféré.

C'est ainsi que plus tard, quand la famille Moumine et ses amis sauvages se furent frayé un chemin à travers la véranda et eurent poussé la porte, ils virent un Émule très heureux qui avait déjà englouti un septième du Mameluk.

– C'est malin ! dit le Snorque. Je n'ai même pas eu le temps de peser mon poisson !

– Pèse-moi et fais une addition, proposa l'Émule. (Il était dans un bon jour.)

– Maintenant, on va brûler la jungle ! dit papa Moumine.

Ils sortirent tout le fatras de la maison et allumèrent le plus grand feu jamais vu dans la vallée des Moumine.

Le Mameluk fut grillé de tout son long et mangé jusqu'au bout du museau. Mais longtemps encore, ils se disputèrent pour savoir combien il mesurait : est-ce qu'il allait du perron à la remise, ou seulement jusqu'aux lilas ?

6

OÙ L'ON RACONTE COMMENT ZOTTE ET ZÉZETTE ARRIVÈRENT AVEC UNE MYSTÉRIEUSE VALISE, COMMENT ELLES FURENT POURSUIVIES PAR LA COURABOU, ET COMMENT LE SNORQUE PRÉSIDA UN PROCÈS.

Au début du mois d'août, tôt le matin, Zotte et Zézette arrivèrent sur la colline, à peu près à l'endroit où Snif avait trouvé le chapeau du Sorcier.

Elles s'arrêtèrent tout en haut et regardèrent la vallée des Moumine. Zotte portait un bonnet rouge et Zézette une grosse valise. Elles marchaient depuis très longtemps et elles étaient fatiguées. En bas, parmi les bouleaux et les pommiers, la fumée du matin s'élevait de la cheminée de la maison Moumine.

– Une zumée, dit Zézette.

– On fait zuire zelque zoze, dit Zotte en hochant la tête.

Puis elles descendirent vers la vallée, en bavardant à la manière très particulière des Zottes et des Zézettes. Bien sûr, tout le monde ne peut pas les comprendre, mais elles se comprennent entre elles, et c'est l'essentiel.

– Zu crois qu'ils zont nous laisser zentrer ? demanda Zotte.

– Ze zais pas, dit Zézette. Ne te laisse pas zimpressionner, z'ils zont mézants zavec nous.

Elles s'approchèrent de la maison à petits pas prudents, et s'arrêtèrent timidement devant le perron.

– On zose frapper ? dit Zotte. Et zi zelqu'un zort en criant ?

À cet instant, maman Moumine passa la tête par la fenêtre et cria :

– Café !

Zotte et Zézette eurent si peur qu'elles se jetèrent dans le soupirail de la cave.

– Oulala ! dit maman Moumine. Je crois bien que j'ai vu deux souris sauter dans la cave ! Snif, descends leur donner un peu de lait !

Puis elle aperçut la valise qui était restée devant le perron.

« Avec bagages… pensa maman Moumine. Elles comptent s'installer. »

Elle partit chercher papa Moumine pour lui demander de fabriquer deux nouveaux lits. Mais tout petits. Pendant ce temps, Zotte et Zézette attendaient la suite, terrifiées. Elles étaient cachées dans les pommes de terres, et on ne voyait que leurs yeux.

– En zou cas, zils zont du café, murmura Zézette.

– Zelqu'un vient ! chuchota Zotte. Zoyons muettes zomme des zouris !

La porte de la cave grinça, et Snif apparut en haut des marches, une lanterne dans une patte et un bol de lait dans l'autre.

– Bonjour ! Où êtes-vous ? dit Snif.

Zotte et Zézette se firent toutes petites et se serrèrent l'une contre l'autre.

– Vous voulez du lait ? dit Snif un peu plus fort.

– Z'est un pièze, chuchota Zézette.

– Si vous croyez que je vais passer la journée ici, vous vous trompez, dit Snif, furieux. Vous êtes méchantes ! Ou alors vous êtes bêtes ! Vous êtes des idiotes de souris qui n'ont même pas l'idée d'entrer par la porte !

– Zidiote de zouris zoi-même ! répondit Zézette, outrée.

– Allons bon, en plus, c'est des étrangers, dit Snif. Il vaut mieux que j'aille chercher maman Moumine.

Il referma la porte de la cave à clé et courut vers la cuisine.

– Alors, elles ont bu le lait ? demanda maman Moumine.

– Elles parlent étranger, dit Snif. On ne comprend pas du tout ce qu'elles disent !

– C'est comment, leur langue ? demanda Moumine qui était occupé à broyer des graines de cardamome avec l'Émule.

– Zidiote de zouris zoi-même, dit Snif.

Maman Moumine soupira.

– Nous voilà bien ! Comment je vais comprendre ce qu'elles veulent comme dessert pour leur anniversaire ? Ou combien d'oreillers je dois leur mettre ?

– On apprendra leur langue, dit Moumine. Ça a l'air facile. Zouste, zehors, zamedi, zardine…

– Je crois que je comprends, dit l'Émule, pensif. Elles ont dû dire à Snif qu'il était une idiote de souris lui-même.

Snif devint tout rouge et lança, furibard :

– Va leur parler toi-même, puisque tu es si malin !

L'Émule descendit à la cave de son pas traînant et cria d'un ton aimable :

– Zonzour ! Bienzenue à la maizon !

Zotte et Zézette sortirent la tête des pommes de terre et le regardèrent.

– Z'est du lait ! Z'est délizieux continua l'Émule.

Alors Zotte et Zézette émergèrent tout entières des pommes de terre, et montèrent à petits pas prudents jusqu'au salon.

Constatant qu'elles étaient beaucoup plus petites que lui, Snif s'amadoua et dit d'un ton condescendant :

– Bonjour. Ravi de faire votre connaissance.

– Merzi, nous zaussi ! dit Zotte.

– Zy a du café ? demanda Zézette.

– Qu'est-ce qu'elles disent ? demanda maman Moumine.

– Elles ont faim, dit l'Émule. Mais elles trouvent toujours que Snif a une drôle de bouille.

– Eh bien dis-leur que moi, je n'ai jamais rien vu d'aussi moche que leurs têtes de harengs, dit Snif, énervé. Puisque c'est ça, je m'en vais !

– Znif zurieux, dit l'Émule. Znif zidiot !

– Venez donc boire un peu de café, dit maman Moumine nerveusement.

Et elle emmena Zotte et Zézette dans la véranda. L'Émule les suivit, très fier de son nouveau statut d'interprète.

C'est ainsi que Zotte et Zézette furent adoptées par la famille Moumine. Elles ne faisaient pas beaucoup parler d'elles. Elles se baladaient en se tenant par la main et elles trimbalaient leur valise partout. Mais quand le soir tomba, visiblement inquiètes, elles se mirent à monter et descendre l'escalier, puis elles se cachèrent sous le tapis.

– Za va pas ? demanda l'Émule.

– La Zourabou va zarriver ! chuchota Zézette.

– La Courabou ? Z'est qui ? demanda l'Émule un peu effrayé.

Zotte écarquilla les yeux, montra ses dents et se gonfla le plus possible.

– Zelle est mézante et zorrible ! dit Zézette. Zermez la porte à la Zourabou !

L'Émule courut voir maman Moumine et dit :

– Elles disent qu'une Courabou horrible et

méchante va venir ici. Il faut fermer toutes les portes à clé pour la nuit !

– Mais il n'y a que la porte de la cave qui ferme à clé, dit maman Moumine, embêtée. Ça a toujours été comme ça.

Et elle alla en parler avec papa Moumine.

– Il va falloir nous armer et pousser les meubles devant les portes, dit papa Moumine. Une grosse Courabou peut être très dangereuse. Je vais installer une alarme dans le salon, et Zotte et Zézette peuvent dormir sous mon lit.

Mais Zotte et Zézette s'étaient déjà cachées dans un tiroir, et elles refusèrent d'en sortir.

Papa Moumine secoua la tête et sortit chercher son fusil dans la remise à bois.

Dehors, l'obscurité des soirées d'août enveloppait déjà le jardin, qui était plein d'ombres noires et veloutées. La forêt résonnait de bruissements sinistres, un vent léger agitait les feuilles, et les vers luisants avaient sorti leurs lampes de poche.

Papa Moumine ne put s'empêcher de trembler un peu, en allant chercher le fusil. Et si jamais cette

Courabou le guettait derrière un buisson ! Il ne savait même pas à quoi elle ressemblait. Et puis elle était grande comment ? En rentrant dans la véranda, il poussa le canapé devant la porte et dit :

– On va laisser la lumière allumée, cette nuit ! Tout le monde doit être prêt en cas d'alerte, et pour une fois, le Renaclerican dormira dans la maison !

Tout ça était très excitant. Papa Moumine frappa trois petits coups sur le tiroir et dit :

– Nous allons vous protéger !

Le tiroir resta silencieux. Papa Moumine l'ouvrit pour voir si Zotte et Zézette avaient déjà été enlevées, mais elles dormaient paisiblement à côté de leur valise.

– Maintenant, on ferait bien d'aller se coucher, dit-il. Que tout le monde se trouve une arme !

Très inquiets, ils se retirèrent dans leurs chambres en bavardant nerveusement. Puis ce fut le silence dans la maison Moumine. Seule, la lampe à pétrole brûlait sur la table du salon.

L'horloge sonna minuit.

Une heure.

Un peu après deux heures, le Rat Musqué se réveilla parce qu'il avait un besoin urgent. Encore à moitié endormi, il trottina jusqu'à la véranda et s'arrêta net, surpris de trouver la porte bloquée par le canapé.

– Drôle d'idée, murmura le Rat Musqué en tirant de toutes ses forces sur le canapé.

Alors, évidemment, l'alarme de papa Moumine se déclencha.

En une seconde, la maison fut remplie de cris, de cavalcades et de coups de fusil. Ils se précipitèrent tous dans le salon, armés de haches, de ciseaux, de cailloux, de pelles, de couteaux et de râteaux.

Et ils virent le Rat Musqué.

– Où est la Courabou ? cria Moumine.

– C'est moi ! dit le Rat Musqué, furieux. Je voulais juste aller faire pipi. J'avais oublié vos histoires de Courabou !

– Vas-y en vitesse alors, dit le Snorque. Et ne fais plus jamais ça !

Il ouvrit la porte de la véranda.

Et là, ils virent la Courabou. On ne pouvait pas la rater, elle était assise juste en bas des marches, dans l'allée de graviers. Et elle les lorgnait.

Comme elle n'était pas très grosse, elle avait l'air moins dangereuse que prévu, au premier coup d'œil. Mais on sentait bien qu'elle était terriblement méchante et qu'elle pouvait attendre tout le temps qu'il faudrait.

Et ça, c'était terrifiant.

Personne n'eut l'idée de l'attaquer. Elle resta plantée là un moment, puis elle disparut dans la nuit. Mais là où elle s'était assise, le sol avait gelé.

Le Snorque ferma la porte en frissonnant.

– Pauvres Zotte et Zézette, dit-il. L'Émule, va voir si elles se sont réveillées !

Elles s'étaient réveillées.

– Zelle est partie ? demanda Zézette.

– Zoyez tranquilles, dit l'Émule.

– Zouf ! dit Zotte en soupirant.

Puis elles poussèrent la valise au fond du tiroir et se rendormirent.

– Alors, on peut se recoucher ? demanda maman Moumine en posant sa hache.

– Oui, bien sûr, dit Moumine. Le Renaclerican et moi allons veiller jusqu'au lever du soleil. Mets quand même ton sac à main sous ton oreiller, c'est plus prudent.

Ils jouèrent au poker dans le salon jusqu'au petit matin. Et on n'entendit plus parler de la Courabou cette nuit-là.

Le lendemain matin, un Émule soucieux entra dans la cuisine.

– J'ai parlé avec Zotte et Zézette, dit-il.

– Oulala ! Qu'est-ce qu'il y a encore ? soupira maman Moumine.

– Ce que veut la Courabou, c'est leur valise, dit l'Émule.

– Elle veut leur prendre leurs pauvres petites affaires de rien du tout ? Mais c'est un monstre ! dit maman Moumine.

– Certes, dit l'Émule. Mais il y a un petit détail qui complique un peu les choses. Il semblerait que la valise appartienne à la Courabou.

– Mmm… fit maman Moumine. En effet, ça complique un peu. Parlons-en au Snorque, il a toujours les idées claires.

Le Snorque fut vivement intéressé.

– C'est une affaire très singulière, dit-il. Il faut tenir une réunion. Tout le monde près des lilas à trois heures ! Nous débattrons.

C'était un bel après-midi rempli de parfums et d'abeilles, et le jardin avait l'air d'un gros bouquet de fiançailles.

Le hamac du Rat Musqué était suspendu entre

les lilas, avec une pancarte où l'on pouvait lire : *Procureur de la Courabou*. Le Snorque attendait, assis sur une caisse. Il avait mis une perruque en filasse, et tout le monde pouvait voir qu'il était le juge. En face de lui, assises derrière une barrière indiquant clairement qu'il s'agissait du box des accusés, Zotte et Zézette mangeaient des cerises.

– Je veux plaider contre elles, dit Snif (qui n'avait pas oublié que Zotte et Zézette l'avaient traité de zidiote de zouris).

– Alors je serai l'avocat de la défense, dit l'Émule d'un ton décidé.

– Et moi ? demanda mademoiselle Snorque.

– Tu feras la voix du peuple, dit son frère. La famille Moumine fera les témoins. Quant au Renaclerican, il prendra des notes pendant l'audience. Mais sérieusement !

– On se demande pourquoi la Courabou n'a pas d'avocat, dit Snif.

– Elle n'en a pas besoin, dit le Snorque. Elle est dans son droit. Vous êtes prêts ? On commence !

Il frappa trois coups sur la caisse avec un marteau.

– Tu zy comprends zelque zoze ? demanda Zotte.

– Zien du tout, dit Zézette en crachant un noyau de cerise sur le juge.

– Vous deux, vous devez attendre ma permission pour parler, dit le Snorque. Et vous devez répondre par oui ou par non. Ladite valise vous appartient-elle ?

– Zoui ! dit Zotte.

– Zon ! dit Zézette.

– Notez qu'elles se contredisent ! cria Snif.

Le Snorque tapa sur la caisse.

– Du calme ! cria-t-il. Maintenant, je vous

demande pour la dernière fois à qui appartient la valise.

– Za nous ! dit Zézette.

– Elles disent qu'elle leur appartient, traduisit l'Émule. Ce matin, elles ont dit le contraire.

– Alors, rien ne nous oblige à rendre cette valise à la Courabou, dit le Snorque, soulagé. N'empêche, c'est quand même dommage d'avoir organisé tout ça pour rien.

Zotte se leva et chuchota quelque chose à l'oreille de l'Émule.

– Voilà ce qu'a dit Zotte, dit l'Émule : « C'est seulement le *Contenu* de la valise qui appartient à la Courabou. »

– Ha ! dit Snif. C'est bien ce que je pensais. C'est très clair. La Courabou va récupérer son *Contenu* et les têtes de harengs vont garder leur vieille valise.

– Ce n'est pas clair du tout ! cria l'Émule plein d'audace. La question n'est pas de savoir *à qui* appartient le *Contenu*, mais *qui a le droit* de l'avoir ! Chaque chose à sa place ! Vous avez tous vu la

Courabou. Maintenant je vous demande : d'après vous, avait-elle l'air de quelqu'un qui a droit au *Contenu* ?

– C'est vrai, ça ! dit Snif, étonné. Tu es malin, quand tu veux ! Mais essayez d'imaginer la solitude de la Courabou en ce moment même. Personne ne l'aime et elle n'aime personne. Le *Contenu*, c'est peut-être tout ce qu'elle a au monde ! Alors, allons-nous l'en priver ? Seule dans la nuit, poursuivit Snif d'une voix tremblante, dépouillée de son seul bien par des Zottes et des Zézettes…

Incapable de continuer, il se moucha, et le Snorque tapa sur la caisse.

– La Courabou n'a pas besoin d'avocat ! dit-il. D'autre part, ton point de vue est purement émotionnel, et celui de l'Émule aussi. Aux témoins ! Parlez !

– Nous aimons beaucoup Zotte et Zézette, dit la famille Moumine. La Courabou nous a tout de suite déplu. Ça serait dommage, de lui rendre son *Contenu*.

– Le Droit, c'est le Droit ! dit le Snorque d'un

ton solennel. Nous devons nous en tenir aux faits ! D'autant plus que Zotte et Zézette ne voient pas la différence entre ce qui est juste et ce qui ne l'est pas. Elles sont nées ainsi, ce n'est pas leur faute. Procureur, qu'est-ce que tu en dis ?

Mais le Rat Musqué s'était endormi dans son hamac.

– Bon, dit le Snorque. Apparemment, ça ne l'intéresse plus. Avons-nous fait le tour de la question ? Puis-je prononcer mon verdict ?

– Pardon, dit la voix du peuple, mais est-ce qu'on n'y verrait pas un peu plus clair si on connaissait la nature du *Contenu* ?

Zotte chuchota à nouveau quelque chose et l'Émule hocha la tête.

– C'est un secret, dit-il. Mais Zotte et Zézette trouvent que le *Contenu* est la plus belle chose qui existe au monde, et la Courabou trouve seulement que c'est la chose qui coûte le plus cher.

Le Snorque hocha la tête plusieurs fois, le front plissé.

– C'est un cas très délicat, dit-il. Zotte et

Zézette tiennent un raisonnement tout à fait correct, mais elles ont mal agi. Et le Droit, c'est le Droit ! Il faut que je réfléchisse. Silence !

Les abeilles bourdonnaient et le jardin flamboyait dans le soleil, mais plus personne ne bougeait sous les lilas.

Soudain, quelque chose de froid passa sur l'herbe, le soleil disparut et le jardin devint gris.

– Qu'est-ce que c'est ? demanda le Snorque en levant son stylo du procès-verbal où il était plongé.

– Elle est revenue, chuchota mademoiselle Snorque.

Assise dans l'herbe gelée, la Courabou les reluquait.

Son regard glissa des uns aux autres, pour se fixer finalement sur Zotte et Zézette. Puis elle se traîna vers elles en grondant.

– Zau zecours ! cria Zotte. Zauvez-nous !

– Arrêtez, Courabou ! dit le Snorque. J'ai à vous parler !

La Courabou s'arrêta.

– J'ai bien réfléchi, continua le Snorque. Accepteriez-vous de vendre le *Contenu* à Zotte et Zézette ? Et à quel prix ?

– Cher ! jeta la Courabou qui n'était pas très causante.

– Est-ce que mon filon d'or sur l'île des Hatifnattes suffirait ? demanda le Snorque.

La Courabou fit non de la tête.

– Oulala ! Ce qu'il peut faire froid ici, dit maman Moumine. Je vais chercher un châle.

Elle courut vers la maison. Là où la Courabou était passée, le sol était gelé. Arrivée dans la véranda, maman Moumine eut une idée. Toute rouge d'excitation, elle prit le chapeau du Sorcier en faisant des vœux pour que la Courabou l'apprécie.

De retour au tribunal, maman Moumine posa le chapeau sur l'herbe en disant :

– Voilà ce que nous avons de plus précieux dans toute la vallée des Moumine. Savez-vous, Courabou, ce qui a déjà poussé dans ce chapeau ? De très jolis petits nuages dirigeables, du sirop et des arbres fruitiers ! C'est un chapeau magique, et c'est le seul au monde !

– Preuves ! jeta la Courabou, dédaigneuse.

Maman Moumine posa quelques cerises dans le chapeau, et tout le monde attendit dans un silence de mort.

– Pourvu qu'elles n'aillent pas se changer en quelque chose d'épouvantable ! chuchota le Renaclerican à l'Émule.

Mais la chance était avec eux. Quand la Courabou regarda dans le chapeau, elle y vit une poignée de rubis rouges.

– Et voilà ! dit maman Moumine, ravie. Imaginez ce que ça donnerait avec une citrouille !

La Courabou regarda le chapeau, elle regarda Zotte et Zézette, elle regarda de nouveau le chapeau. On sentait qu'elle réfléchissait de toutes ses forces.

Finalement, elle attrapa le chapeau du Sorcier et s'en alla sans un mot, comme une ombre grise et glacée. Ce fut la dernière fois qu'elle se montra dans la vallée des Moumine, et la dernière fois que l'on vit le chapeau du Sorcier.

Aussitôt, les couleurs revinrent et l'été reprit son cours, bruissant et parfumé.

– Nous voilà enfin débarrassés de ce chapeau, dit maman Moumine. Et pour une fois, il a vraiment servi à quelque chose.

– C'était bien quand même, les petits nuages, protesta Snif.

– Et c'était amusant de jouer à Tarzan dans la jungle, dit Moumine, mélancolique.

– Za z'est bien pazzé ! dit Zézette, toute joyeuse, en attrapant la valise qui était restée dans le box des accusés.

– Abzolument ! dit Zotte en prenant Zézette par la main.

Elles rentrèrent à la maison et les autres les suivirent du regard.

– Qu'est-ce qu'elles ont dit, là ? demanda Snif.

– Bonne soirée ou quelque chose comme ça, dit l'Émule.

7

QUI EST TRÈS LONG, QUI RACONTE LE DÉPART DU RENACLERICAN, QUI RÉVÈLE LE *CONTENU* DE LA VALISE MYSTÉRIEUSE, QUI EXPLIQUE COMMENT MAMAN MOUMINE RETROUVA SON SAC À MAIN APRÈS L'AVOIR PERDU, ET COMMENT, LA JOIE AU CŒUR, ELLE ORGANISA UNE GRANDE FÊTE. ET ENFIN, COMMENT LE SORCIER ARRIVA DANS LA VALLÉE DES MOUMINE.

C'était la fin du mois d'août. La nuit, les hiboux hululaient, et des nuées de chauves-souris traçaient en silence de grands cercles noirs au-dessus de la maison. La forêt était pleine de lueurs étranges, la mer était agitée, et le soir, quand la Lune montait dans le ciel, elle était plus grosse et plus rousse que d'habitude. Il y avait de l'attente et de la mélancolie dans l'air. C'étaient les dernières semaines de l'été, le moment que Moumine avait toujours préféré sans trop savoir pourquoi.

Le bruit du vent et de la mer, les odeurs, tout avait changé. Et les arbres attendaient.

Moumine s'était réveillé, mais il resta un bon moment à contempler le plafond. « Il est tôt, le soleil n'est pas encore levé, et j'ai l'impression qu'il va se passer quelque chose », songeait-il.

Il tourna la tête et vit que le lit du Renaclerican était vide.

Au même moment, il entendit le signal secret sous la fenêtre. Un sifflement long et deux courts, ce qui veut dire : « Tu as des projets, aujourd'hui ? »

Moumine sauta du lit et regarda par la fenêtre. Le jardin était encore plongé dans l'ombre et il faisait frais. Le Renaclerican l'attendait en bas.

– Yo-hou ! fit Moumine tout doucement pour ne pas réveiller les autres, puis il descendit par l'échelle de corde.

– Salut, dit-il.

– Salut toi, dit le Renaclerican.

Ils descendirent vers la rivière et s'assirent sur la barrière du petit pont. Leurs pieds se balançaient au-dessus de l'eau. Le soleil venait juste de passer par-dessus les sapins et ils étaient tout éblouis.

– On était assis exactement comme ça, au printemps, dit Moumine. On venait de se réveiller et c'était le premier jour. Tout le monde dormait encore.

Le Renaclerican hocha la tête. Il taillait des petits bateaux en roseau qu'il laissait tomber dans la rivière. Et tous deux les regardaient s'en aller.

– Où est-ce qu'ils vont ? demanda Moumine.

– Vers des endroits où je ne suis pas, dit le Renaclerican.

L'un après l'autre, les petits bateaux prenaient le tournant et disparaissaient.

– Chargés de cannelle, de dents de requins et d'émeraudes… dit Moumine.

Le Renaclerican soupira.

– Tu parlais de mes projets, dit Moumine. Tu en as, toi ?

– Oui, dit le Renaclerican. J'ai un projet. Mais c'est un de mes projets solitaires, tu comprends ?

Moumine le regarda longuement, puis il dit :

– Tu vas partir.

Le Renaclerican hocha la tête.

Ils balançaient leurs pieds au-dessus de la rivière, sans rien dire. Et la rivière coulait sans fin, très loin, vers les endroits inconnus que le Renaclerican voulait visiter, et où il irait seul.

– Tu pars quand ? demanda Moumine.

– Tout de suite, dit le Renaclerican en jetant d'un seul coup tous ses bateaux dans l'eau.

Il sauta de la barrière et flaira l'air du matin. C'était un bon jour pour marcher. Le chemin serpentait jusqu'au sommet de la colline qui rougeoyait dans le soleil levant, et disparaissait de l'autre côté. Là-bas, il y avait une autre vallée, et après, d'autres collines…

Moumine regarda le Renaclerican plier sa tente.

– Tu pars longtemps ? demanda-t-il.

– Non, dit le Renaclerican. Au premier jour du printemps, je serai là et je sifflerai sous ta fenêtre. Une année, ça passe vite !

– Oui, dit Moumine. Alors, salut !

– Salut toi, dit le Renaclerican.

Moumine resta sur le pont. Il vit le Renaclerican s'éloigner, de plus en plus petit, et disparaître enfin parmi les bouleaux et les pommiers. Puis il entendit l'harmonica. Le Renaclerican jouait *Tous les petits animaux font un nœud avec leur queue*.

« Il est content », pensa Moumine.

La musique se fit de plus en plus faible et, finalement, Moumine n'entendit plus rien. Alors il rentra à la maison en trottinant dans la rosée du jardin.

Sur le perron, il trouva Zotte et Zézette assises au soleil.

– Zalut zoi, dit Zotte.

– Salut toi, dit Moumine qui comprenait leur langue, maintenant (mais il avait quelques difficultés à la parler).

– Tu zas pleuré ? demanda Zotte.

– Zum… fit Moumine. Le Renaclerican est parti.

– Z'est trizte, dit Zotte, compatissante. Za te ferait plaizir de faire un bizou zur le muzeau de Zotte ?

Moumine posa aimablement un baiser sur le museau de Zotte, mais il n'eut pas l'air plus gai pour autant.

Alors Zotte et Zézette se blottirent l'une contre l'autre et chuchotèrent un bon moment.

Puis Zézette déclara solennellement :

– Nous zavons dézidé de te montrer le *Zontenu*.

– De la valise ? demanda Moumine.

Zotte et Zézette hochèrent la tête énergiquement.

– Z'est par izi… dirent-elles en filant sous les buissons.

Moumine les suivit en rampant. Au milieu du buisson le plus épais, il découvrit la cachette secrète de Zotte et Zézette, toute tapissée de duvet, avec des coquillages et des petits cailloux blancs accrochés aux branches. Il y faisait sombre, et personne, en passant dans l'allée, ne pouvait soupçonner l'existence d'une cachette secrète. La valise de Zotte et Zézette trônait sur un tapis de raphia.

– Mais c'est le tapis de mademoiselle Snorque ! dit Moumine. Elle le cherchait, hier.

– Z'cst normal, dit Zézette. Zelle ne zavait pas qu'il était zici !

– Mmm… bon… fit Moumine. Alors vous vouliez me montrer ce qu'il y a dans la valise ?

Zotte et Zézette, ravies, firent signe que zoui. Elles se mirent de chaque côté de la valise et comptèrent avec beaucoup de sérieux :

– Zun, zeux, ZROIS !

Et clac ! Elles ouvrirent le couvercle.

– Ça alors ! fit Moumine.

La cachette était baignée d'une douce lumière rouge, et dans la valise, il y avait un rubis. Un rubis grand comme une tête de panthère, rougeoyant comme un coucher de soleil, vivant comme le feu et l'eau qui scintille.

– Za te plaît ? demanda Zotte.

– Oui, fit Moumine d'une toute petite voix.

– Zalors tu vas zarrêter de pleurer ? dit Zézette.

Moumine fit oui de la tête.

Zotte et Zézette poussèrent un soupir de soulagement et s'assirent pour contempler la pierre précieuse. La mine ravie, elles la dévoraient des yeux en silence.

Le rubis était aussi changeant que la mer. Parfois, il était rose pâle, comme un sommet enneigé dans le soleil levant. Parfois, une flamme écarlate jaillissait de son cœur. Et parfois, il ressemblait à une tulipe noire aux étamines étincelantes.

– Oh ! Si le Renaclerican pouvait voir ça ! dit Moumine.

Il resta là longtemps, très longtemps, comme si le temps s'était arrêté, comme si sa rêverie ne devait jamais finir.

Et puis il dit :

– C'est beau. Je pourrai revenir le voir ?

Mais Zotte et Zézette ne répondirent pas.

Alors Moumine sortit du buisson, dans la lumière pâle du matin. Un peu étourdi, il dut s'asseoir dans l'herbe pour récupérer.

« Ça alors ! pensa-t-il. Je veux bien me mordre la queue si ce n'est pas le Rubis Royal que le Sorcier est parti chercher sur la Lune ! Et ces petites Zotte et Zézette l'avaient dans leur valise pendant tout ce temps ! »

Plongé dans ses pensées, Moumine ne vit même pas que mademoiselle Snorque traversait le jardin pour venir s'asseoir à côté de lui. Au bout d'un moment, elle toucha doucement le bout de sa queue.

– Ah, c'est toi ! dit Moumine en sursautant.

Mademoiselle Snorque sourit.

– Tu as vu ma nouvelle coiffure ? demanda-t-elle en tournant la tête.

– Hmm… fit Moumine.

– Tu as la tête ailleurs, dit mademoiselle Snorque. À quoi tu penses ?

– Je ne peux pas te le dire, ma rose du matin, mais j'ai le cœur gros parce que le Renaclerican est parti.

– Oh non ! fit mademoiselle Snorque.

– Si, mais il m'a dit au revoir, avant. Il n'a réveillé personne d'autre pour dire au revoir, dit Moumine.

Ils restèrent assis sur l'herbe, dans le petit soleil du matin qui commençait à chauffer. Snif et le Snorque sortirent sur le perron.

– Bonjour, dit mademoiselle Snorque. Vous savez quoi ? Le Renaclerican est parti vers le sud, ce matin !

– Sans moi ! dit Snif, bouleversé.

– On a parfois envie d'être seul, dit Moumine. Tu es trop petit pour comprendre ça. Où sont les autres ?

– L'Émule est allé cueillir des champignons, dit le Snorque. Le Rat Musqué a rentré son hamac parce qu'il commence à trouver les nuits un peu fraîches. Et ta maman est de très mauvaise humeur, aujourd'hui !

– Plutôt fâchée ou plutôt triste ? demanda Moumine, étonné.

– Plutôt triste, je crois, dit le Snorque.

– Mais c'est affreux ! Il faut que j'aille la voir, dit Moumine en se levant.

Maman Moumine était assise sur le canapé du salon, l'air malheureux.

– Qu'est-ce qui se passe ? dit Moumine.

– Mon cher enfant, c'est terrible, dit sa maman. Mon sac à main a disparu ! Je ne peux rien faire sans mon sac à main ! J'ai cherché partout, il n'est nulle part !

– Ça alors ! dit Moumine. On va te le retrouver !

Et tous se lancèrent dans une gigantesque fouille, sauf le Rat Musqué, qui refusa de participer.

– De toutes les choses inutiles, les sacs à main sont bien les plus inutiles, dit-il. Réfléchissez : que madame Moumine ait son sac ou non, le temps passe et les jours se suivent, parfaitement identiques.

– Il y a une énorme différence, protesta papa Moumine. Je ne reconnais plus du tout maman Moumine si elle n'a plus son sac à main. Je ne l'ai jamais vue sans !

– Qu'est-ce qu'il y avait dedans ? demanda le Snorque.

– Trois fois rien, dit maman Moumine. Juste des choses de première nécessité. Des chaussettes de rechange, des bonbons, du fil de fer, des cachets pour digérer et des choses comme ça.

– Qu'est ce qu'on aura comme récompense, si on le trouve ? demanda le Snorque.

– Tout ce que vous voudrez ! dit maman Moumine. Je ferai une grande fête, vous n'aurez que des desserts au dîner, et personne ne sera obligé de se laver, ni de se coucher tôt !

Alors la fouille reprit de plus belle. Ils cherchèrent dans toute la maison. Ils regardèrent sous les tapis, sous les lits, dans le four, à la cave, au grenier et sur le toit. Ils cherchèrent dans tout le jardin, dans la remise et le long de la rivière. Pas de sac à main.

– Tu n'aurais pas grimpé aux arbres avec ? demanda Snif. Tu ne l'aurais pas emporté pour te baigner ?

– Non, dit maman Moumine. Oulala, que je suis malheureuse !

– On va distribuer des tracts, proposa le Snorque.

Ce qu'ils firent aussitôt. Les tracts annonçaient deux grandes nouvelles :

LE RENACLERICAN QUITTE LA VALLÉE DES MOUMINE !

DÉPART MYSTÉRIEUX À L'AUBE !

Et, en lettres encore plus grandes :

LE SAC À MAIN DE MAMAN MOUMINE A DISPARU !

AUCUNE PISTE !

LES RECHERCHES CONTINUENT.

ÉNORME FÊTE EN RÉCOMPENSE !

Dès que la nouvelle se fut répandue, la forêt, les collines et le bord de mer se mirent à grouiller. Tout le monde cherchait, jusqu'au plus petit rat des champs – sauf les vieux et les malades, qui restaient à la maison. Toute la vallée des Moumine résonnait de cris et de petits pas pressés.

– Oulala… dit maman Moumine. Tout ça pour moi !

Mais elle était assez contente quand même.

– Z'est-ce qu'ils zerchent ? demanda Zézette.

– Mon sac à main, bien entendu, dit maman Moumine.

– Le zac noir ? dit Zotte. Zelui zavec quatre zetites poches zet le miroir où zon peut ze voir ?

– Pardon ? fit maman Moumine, bien trop inquiète pour se concentrer.

– Le zac noir zavec quatre zetites poches ? répéta Zotte.

– Oui oui… dit maman Moumine. Allez donc jouer, les petites, ne vous en faites pas pour moi !

– Tu z'en penzes quoi ? demanda Zézette.

– Za me zagrine de la voir zi trizte, dit Zotte.

– Zalors, il faut zui rendre zon zac, dit Zézette en soupirant. Mais z'était bien, de zormir dans les zetites poches…

Zotte et Zézette s'en allèrent vers leur cachette secrète (que personne n'avait encore découverte) et sortirent le sac à main de dessous les rosiers.

Il était midi pile quand Zotte et Zézette traversèrent le jardin en traînant le sac à main derrière elles. L'épervier les repéra tout de suite, et s'empressa de répandre la nouvelle dans la vallée des Moumine. Un nouveau tract fut distribué :

SAC À MAIN DE MAMAN MOUMINE RETROUVÉ PAR ZOTTE ET ZÉZETTE !

SCÈNES ÉMOUVANTES DANS LA MAISON MOUMINE !

– Pas possible ! s'écria maman Moumine. Oulala ! Que je suis contente ! Où l'avez-vous trouvé ?

– Zous les roziers, dit Zotte. Z'était bien zagréable de zormir…

Mais là, un tas de gens se précipitèrent pour congratuler maman Moumine, qui ne sut donc jamais que son sac à main avait servi de chambre à coucher à Zotte et Zézette (et c'était peut-être mieux comme ça).

D'ailleurs, tous ne pensaient plus qu'à une chose : la grande fête. Il fallait que tout soit prêt avant que la Lune se lève.

C'est formidable de préparer une grande fête, quand on sait à l'avance qu'elle sera réussie, et que tous les gens qui viendront seront juste ceux qu'on voulait !

Même le Rat Musqué s'y intéressa.

– Il faut beaucoup de tables, dit-il. Des grandes tables et des petites tables. Dans une grande fête, personne n'aime rester tout le temps à la même place. Ça va, ça vient, les gens ont la bougeote, encore pire que d'habitude. Au début, il faut leur offrir ce que vous avez de meilleur. Après, ça n'a plus d'importance, ils seront contents quand même. Et n'allez pas leur casser les pieds avec des spectacles, des chansons et tout ça. Le spectacle, c'est eux.

Après avoir prodigué ces conseils d'une sagesse stupéfiante, le Rat Musqué se retira dans son hamac pour lire *De l'inutilité de toute chose*.

– Qu'est-ce que je vais me mettre ? demanda mademoiselle Snorque, très nerveuse. Les plumes ou le diadème de perles ?

– Les plumes, dit Moumine. Mais seulement aux oreilles et aux chevilles. Et peut-être une ou deux au bout de la queue !

– Merci ! fit mademoiselle Snorque en se précipitant vers la maison.

À l'entrée, elle bouscula le Snorque qui transportait des lampions de toutes les couleurs.

– Attention ! dit-il. Tu écrases les lampions ! Je me demande bien à quoi ça sert, les sœurs !

D'un air important, il sortit dans le jardin et se mit à accrocher les lampions dans les arbres. Pendant ce temps, l'Émule s'occupait de placer les feux d'artifice aux endroits stratégiques. Il y aurait des serpents de feu, une pluie d'étoiles bleues, une tornade de feux de Bengale, des fusées pétaradantes et des fontaines argentées.

– Je suis trop excité ! dit l'Émule. On ne peut pas en allumer juste un seul, pour voir ?

– Ça ne donne rien à la lumière du jour, dit papa Moumine. Mais si tu veux, tu peux prendre un serpent de feu et l'allumer dans la cave.

Papa Moumine s'était installé devant la véranda, et il préparait le punch dans des tonneaux. Histoire de lui donner du goût, il ajouta des raisins de Smyrne, des amandes, du lotus confit, du gingembre, du sucre, de la noix muscade, un peu de citron et quelques litres de liqueur de sorbier.

De temps en temps, il goûtait pour voir si c'était bon. C'était très bon.

– C'est un peu triste, dit Snif, le Reniclerican est parti et on n'aura pas de musique.

– On va amplifier la vieille boîte à musique, dit papa Moumine. Il y a toujours une solution à tout ! Le deuxième toast sera pour le Renaclerican !

– Et le premier ? demanda Snif plein d'espoir.

– Pour Zotte et Zézette, évidemment, dit papa Moumine.

Pendant ce temps, les préparatifs prenaient de l'ampleur. Tous les habitants de la vallée, de la forêt, de la colline et du bord de mer apportèrent des bonnes choses à manger et à boire, qu'on disposa sur des tables dans le jardin : des gros tas de fruits luisants, d'énormes plateaux de tartines, et, sur de toutes petites tables sous les arbustes, des noix et des bouquets de fleurs, des baies enfilées sur des brins d'herbe, des betteraves et des épis de blé. Maman Moumine prépara la pâte à crêpes dans la baignoire parce que ses marmites n'étaient pas assez grandes. Puis elle sortit de la cave onze énormes pots de confiture (malheureusement, le douzième s'était cassé quand l'Émule avait allumé son serpent de feu, mais ce n'était pas trop grave, car Zotte et Zézette avaient réussi à lécher presque tout.)

– Tu zimazines ! dit Zotte. Tout za zuste pour nous !

– Zoui, z'est très zétonnant, dit Zézette.

Zotte et Zézette occupaient les places d'honneur à la plus grande table.

Quand il fit assez noir pour qu'on puisse allumer les lampions, l'Émule frappa sur le gong, ce qui voulait dire : « On commence ! »

Au début, ce fut très guindé.

Tous les invités étaient sur leur trente-et-un et ça leur donnait un petit air empesé. Ils se faisaient des révérences en disant des « quelle chance, il ne pleut pas », ou « quel bonheur d'avoir retrouvé le sac à main », et des choses comme ça.

Personne n'osait s'asseoir.

Papa Moumine fit un petit discours. Il expliqua pourquoi cette fête avait lieu et il remercia Zotte et Zézette. Il dit quelque chose sur la brièveté de l'été nordique, ajouta qu'il fallait bien en profiter, puis il se mit à parler de sa jeunesse.

Là-dessus, maman Moumine arriva avec une brouette pleine de crêpes et tout le monde applaudit.

À partir de là, l'événement perdit de sa solennité, et bientôt, la fête battit son plein. Le jardin et presque toute la vallée étaient parsemés de petites tables éclairées. Des lucioles et des vers luisants brillaient partout, et dans les arbres, les lampions se balançaient au vent du nord comme de beaux fruits mûrs.

Une fusée pétaradante partit fièrement, dessinant une jolie courbe dans le ciel, puis explosa tout là-haut en une pluie d'étoiles blanches qui retombèrent doucement sur la vallée. Toutes les petites bêtes levèrent leur museau vers la pluie d'étoiles en criant « hourra ! ». C'était merveilleux.

Après, il y eut la fontaine argentée, et une tornade de feux de Bengale tourbillonna au-dessus des arbres. Et puis papa Moumine roula un grand tonneau de punch dans l'allée, tout le monde se précipita, et papa Moumine remplit tous les verres, et aussi les tasses, les bols, les gobelets en écorce de bouleau, les coquillages et les cornets en feuilles.

– À la santé de Zotte et Zézette ! cria toute la vallée des Moumine. Hip Hip Hip Hourra !

– Zourra ! crièrent Zotte et Zézette en trinquant.

Moumine grimpa sur une chaise et déclara :

– Je bois à la santé du Renaclerican, qui est parti tout seul vers le sud, mais qui est sûrement aussi heureux que nous. Souhaitons-lui un bon voyage et un cœur léger !

Et à nouveau, toute la vallée leva son verre.

– Tu as bien parlé, dit mademoiselle Snorque quand Moumine se rassit.

– Pas mal, dit modestement Moumine. Mais je m'étais préparé.

Papa Moumine apporta la boîte à musique dans le jardin et la relia à un énorme ampli. Aussitôt, toute la vallée se mit à danser, sautiller, voleter et papillonner. Les elfes des arbres dansaient en l'air, leurs longs cheveux au vent, et des couples de souris valsaient avec raideur sous les tonnelles.

– Voulez-vous danser, mademoiselle ? demanda Moumine en s'inclinant devant mademoiselle Snorque.

En relevant la tête, il aperçut une lueur au-dessus des arbres.

C'était la lune du mois d'août qui se levait, inondant tout à coup la vallée des Moumine d'ombres et de lumières mystérieuses. Orange et un peu froissée sur les bords, comme un abricot séché, elle n'avait jamais été aussi grosse.

– On voit même les cratères ! dit mademoiselle Snorque. Regarde !

– Ça doit être complètement désert, fit Moumine, pensif. Pauvre Sorcier, qui est en train de chercher son rubis là-haut !

– Avec une bonne longue-vue, on pourrait le voir, dit mademoiselle Snorque.

– Sans doute, dit Moumine. Mais viens danser, maintenant !

Et la fête continua.

– Tu es zun peu zatiguée ? demanda Zézétte.

– Zon, dit Zotte. Ze réflézis. Ils zont été zi zentils avec nous. Zon devrait leur zaire plaizir zaussi !

Zotte et Zézette chuchotèrent un peu, hochèrent la tête et chuchotèrent encore.

Puis elles disparurent dans leur cachette secrète, et en ressortirent avec la valise.

Il était minuit passé quand, soudain, le jardin s'illumina de rose. Tout le monde s'arrêta de danser, attendant un nouveau feu d'artifice. Mais c'étaient seulement Zotte et Zézette qui avaient ouvert la valise. Plus beau que jamais, le Rubis Royal étincelait dans l'herbe. Il éclipsait les feux et les lampions, et même la Lune perdit de son éclat.

Les uns après les autres, les danseurs se pressèrent en silence autour de la pierre flamboyante.

– Dire qu'une telle beauté existe ! s'exclama maman Moumine.

Snif poussa un grand soupir et dit :

– Elles ont bien de la chance, Zotte et Zézette !

Mais le Rubis Royal brillait comme un œil rouge dans la nuit qui enveloppait la Terre, et de là-haut, sur la Lune, le Sorcier l'aperçut. Triste et fatigué, il avait abandonné ses recherches. Il s'était assis au bord d'un cratère pour se reposer, et sa panthère dormait un peu plus loin.

Le Sorcier comprit aussitôt ce que signifiait le point rouge sur la Terre. C'était le plus gros rubis du monde, le Rubis Royal qu'il cherchait depuis des centaines d'années !

Il se leva d'un bond et, fixant la Terre de ses yeux de braise, il enfila ses gants, attacha sa cape sur ses épaules et jeta les pierres qu'il avait déjà trouvées. Car une seule pierre comptait pour lui, et il l'aurait entre les mains dans moins d'une demi-heure.

Plus rapides que la lumière, la panthère et son maître foncèrent dans l'espace. Les météores crépitaient autour d'eux, et la poussière d'étoile s'accrochait à la cape du Sorcier comme de la neige.

En bas, l'étincelle rouge brillait, de plus en plus vive. Le Sorcier se dirigea droit sur la vallée des Moumine, et la panthère atterrit souplement sur la colline.

Les habitants de la vallée contemplaient toujours le Rubis Royal. En son cœur flamboyant, ils voyaient ce qu'ils avaient vécu ou pensé de plus beau, de plus fou, et ils avaient envie de le revivre. Moumine pensait à son expédition nocturne avec le Renaclerican, et mademoiselle Snorque se rappelait le moment où elle avait fièrement ramené la reine en bois. Maman Moumine se retrouvait sur la plage, au soleil, et elle voyait le ciel à travers les œillets sauvages qui se balançaient au-dessus d'elle.

Ils étaient tous bien loin, perdus dans leurs souvenirs. Et forcément, tout le monde sursauta quand une petite souris blanche aux yeux rouges surgit de l'ombre et trottina vers le Rubis Royal. Derrière elle, un chat noir comme le charbon s'étendit dans l'herbe.

De mémoire de Moumine, aucune souris blanche, ni aucun chat noir n'avait jamais habité dans la vallée.

– Minou-minou, fit l'Émule.

Le chat ferma les yeux sans daigner répondre.

– Bonsoir, cousine ! dit un mulot.

La souris blanche aux yeux rouges lui jeta un regard sinistre.

Papa Moumine apporta deux gobelets de punch, mais les nouveaux venus l'ignorèrent.

Forcément, ça jeta un froid parmi les habitants de la vallée. Partout, on chuchotait, on posait des questions. Effrayées, Zotte et Zézette rangèrent le rubis dans la valise et fermèrent le couvercle. Mais quand elles voulurent emporter la valise, la souris blanche se dressa sur ses pattes de derrière et se mit à grandir. Et quand elle fut presque aussi grande que la maison Moumine, elle se changea en Sorcier aux gants blancs et aux yeux rouges. Et quand le Sorcier eut atteint sa forme et sa taille véritables, il s'assit dans l'herbe et regarda Zotte et Zézette.

– Zilain zaffreux, za-t'en ! dit Zézette.

– Où avez-vous trouvé le Rubis Royal ? demanda le Sorcier.

– Zoccupe-toi de tes zoignons ! dit Zotte.

Personne n'aurait cru Zotte et Zézette aussi culottées.

– Ça fait trois cents ans que je le cherche, dit le Sorcier. Rien d'autre ne compte pour moi.

– Pour nous zaussi ! dit Zézette.

– Tu ne peux pas leur prendre le Rubis Royal ! dit Moumine. Elles l'ont acheté tout à fait honnêtement à la Courabou !

Évidemment, Moumine évita de préciser qu'elles l'avaient payé avec le vieux chapeau du Sorcier (d'ailleurs il en portait un nouveau).

– Donnez-moi un remontant, dit le Sorcier. Tout ça commence à m'énerver.

Maman Moumine apporta aussitôt une grande assiette de crêpes à la confiture.

Pendant que le Sorcier mangeait, les autres trouvèrent le courage de s'approcher un peu. Quelqu'un qui mange une crêpe à la confiture ne peut pas être complètement mauvais. On doit pouvoir lui parler.

– Z'est bon ? demanda Zotte.

– Oui, merci, dit le Sorcier. Je n'avais pas mangé de crêpes depuis quatre-vingt-cinq ans !

Tout attristés pour lui, les autres s'approchèrent encore un peu.

Quand le Sorcier eut fini de manger, il s'essuya les moustaches et dit :

– Je ne peux pas vous prendre le Rubis Royal. Ce qui a été acheté doit être racheté, ou donné. Vous ne voulez pas me le vendre pour, disons, deux montagnes de diamants et une vallée de pierres précieuses ?

– Zon ! dirent Zotte et Zézette.

– Et vous ne voulez pas me le donner ?

– Zamais ! répondirent Zotte et Zézette.

Le Sorcier soupira tristement. Puis il réfléchit un instant et dit :

– Que la fête continue, alors ! Je vais vous faire un peu de magie. Allez-y, faites vos vœux ! Chacun son tour, et les parents Moumine d'abord !

Maman Moumine hésita un peu.

– Il faut que ce soit des choses visibles ? Ou alors des idées ? Si vous voyez ce que je veux dire, Monsieur.

– Je vois, dit le Sorcier. C'est plus facile avec les choses, bien sûr, mais ça doit aller avec les idées aussi.

– Alors je souhaite que Moumine ne soit plus triste à cause du Renaclerican, dit maman Moumine.

– Ça se voit tant que ça ? dit Moumine en rougissant.

Mais le Sorcier agita sa cape, et la mélancolie disparut du cœur de Moumine. Ses regrets se changèrent en espoir, et il se sentit beaucoup mieux.

– J'ai une idée ! cria Moumine. S'il te plaît, Sorcier, fais que la table s'envole avec tout ce qu'il y a dessus, et envoie-la au Renaclerican, où qu'il soit en ce moment !

La table s'éleva entre les arbres et s'envola vers le sud, avec des crêpes à la confiture, des fruits et des fleurs, du punch et des bonbons, et aussi le livre du Rat Musqué qu'il avait posé dans un coin.

– Ah non alors ! dit le Rat Musqué. Vous êtes prié de me rendre mon livre tout de suite !

– Ce qui est fait est fait ! dit le Sorcier. Mais vous allez avoir un nouveau livre, Monsieur. Tenez !

– *De l'utilité de toute chose*, lut le Rat Musqué. Mais ça ne va pas du tout ! Le mien parlait de l'inutilité de tout !

Le Sorcier se contenta de rire.

– Maintenant, je crois que c'est à moi, dit papa Moumine. C'est très difficile de choisir ! J'ai plein d'idées, mais aucune ne me satisfait vraiment. Une serre, par exemple… mais c'est bien plus amusant d'en fabriquer une soi-même. Un canot aussi. D'ailleurs j'ai presque tout !

– Et si tu ne souhaitais rien, dit Snif. Comme ça, je souhaiterais deux fois ?

– Hum… fit papa Moumine. Quand même… Pour une fois qu'on a le droit de faire un souhait…

– Dépêche-toi un peu, dit maman Moumine. Une belle reliure pour tes Mémoires, ça serait bien, non ?

– Oui, ça me plaît, dit papa Moumine, ravi.

Et tous poussèrent des cris d'admiration quand le Sorcier lui tendit une reliure en maroquin rouge et or, incrusté de perles.

– À moi ! cria Snif. Un bateau pour moi tout seul ! Un bateau comme un coquillage, avec des voiles pourpres ! Et un mât en acajou et les tolets en émeraudes.

– Ce n'est pas rien ! dit gentiment le Sorcier.

Il agita sa cape et tout le monde retint son souffle, mais aucun bateau n'apparut.

– Ça n'a pas marché ? demanda Snif, déçu.

– Bien sûr que si, dit le Sorcier. Mais je l'ai posé sur la plage, évidemment. Tu le trouveras demain.

– Avec les tolets en émeraudes ? demanda Snif.

– Absolument. Quatre, plus un de rechange, dit le Sorcier. Au suivant !

– Bon, fit l'Émule. Pour être franc, j'ai cassé la pelle de botaniste que le Snorque m'avait prêtée. Il m'en faut absolument une autre.

Le Sorcier lui donna une nouvelle pelle, et

l'Émule, en garçon bien élevé, fit une révérence[1] pour le remercier.

– Ce n'est pas trop fatigant de faire des tours de magie ? demanda mademoiselle Snorque.

– Ces tours-là sont faciles ! dit le Sorcier. Et notre petite demoiselle, que veut-elle ?

– C'est un peu délicat, dit mademoiselle Snorque. Est-ce que je peux vous le dire tout bas ?

Quand elle eut fini de parler à l'oreille du Sorcier, il parut intrigué et demanda :

– Vous êtes sûre qu'ils vous iront bien, Mademoiselle ?

– Tout à fait sûre ! dit mademoiselle Snorque en retenant sa respiration.

– Eh bien alors, allons-y ! dit le Sorcier.

Aussitôt, la foule poussa un cri de surprise. Mademoiselle Snorque était méconnaissable !

– Qu'est-ce qui t'arrive ? s'exclama Moumine, bouleversé.

1. La révérence est particulièrement gracieuse sur l'Émule, à cause de ses jupes. (Note de l'auteur)

– J'ai demandé les yeux de la reine en bois, dit mademoiselle Snorque. Tu la trouvais si belle !

– Oui, mais… murmura Moumine, malheureux.

– Ils ne te plaisent pas ? gémit mademoiselle Snorque en fondant en larmes.

– Allons, voyons… fit le Sorcier. Si ça ne va pas, le frère de Mademoiselle peut tout simplement souhaiter qu'elle retrouve ses yeux d'avant !

– Mais moi, j'avais pensé à quelque chose de complètement différent, protesta le Snorque. Ce n'est pas ma faute, si elle souhaite des trucs idiots !

– Tu pensais à quoi ? demanda le Sorcier.

– Une machine pour calculer si les choses sont justes ou injustes, bonnes ou mauvaises.

– C'est trop difficile, dit le Sorcier en secouant la tête. Je n'y arriverai pas.

– Alors une machine à écrire, ronchonna le Snorque. De toute façon, ma sœur voit aussi bien avec ses nouveaux yeux !

– Mais elle est beaucoup moins jolie, dit le Sorcier.

– S'il te plaît, pleura mademoiselle Snorque qui venait de trouver un miroir. Souhaite que je récupère mes petits yeux à moi ! Je suis affreuse !

– D'accord, tu les auras, dit le Snorque, magnanime. L'honneur de la famille est en jeu. Mais j'espère qu'après ça, tu seras un peu moins frivole.

Mademoiselle Snorque se regarda dans le miroir et poussa un cri de joie. Ses petits yeux d'avant avaient retrouvé leur place, mais ses cils s'étaient allongés ! Rayonnante de bonheur, elle sauta au cou de son frère :

– Mon chou-bijou ! Je t'offrirai une machine à écrire en cadeau de printemps !

– Pfff… on ne s'embrasse pas devant tout le monde, fit le Snorque, gêné. Tu étais vraiment trop moche, c'est tout.

– Maintenant, des habitants de la maison, il ne reste plus que Zotte et Zézette, dit le Sorcier. Puisqu'on ne sait jamais qui est qui, vous allez faire un vœu commun.

– Et zous, zous ne zouhaitez rien ? demanda Zotte.

– Je ne peux pas, dit tristement le Sorcier. Je peux réaliser les vœux des autres et me changer en n'importe quoi, mais c'est tout.

Zotte et Zézette le regardèrent, les yeux écarquillés. Puis elles se blottirent l'une contre l'autre et chuchotèrent un bon moment. Ensuite, Zézette dit solennellement :

– Nous zavons dézidé de zouhaiter pour zous, parce que zous zêtes très zentil. Nous zoulons zun rubis zaussi grand et zaussi beau que le zôtre !

Tout le monde avait vu le Sorcier rire, mais sourire, jamais. Et là, il sourit. Le Sorcier sourit de tout son visage, jusqu'aux oreilles, et même de son chapeau à ses bottillons. Sans un mot, il fit voltiger sa cape au ras de l'herbe, et hop ! Le jardin resplendit à nouveau de la merveilleuse lumière rouge. C'était le Rubis de la Reine, frère jumeau du Rubis Royal.

– Zous zêtes zeureux, là, za ze voit ! dit Zotte.

– Oh, oui ! s'exclama le Sorcier en soulevant le joyau splendide dans sa cape. Maintenant, approchez, souris des champs et petites bestioles de la vallée ! Venez faire des vœux, et je les réaliserai jusqu'au lever du soleil. Après, je m'en irai.

Ça, c'était une fête !

Devant le Sorcier serpentait une longue file d'habitants de la vallée et de la forêt, qui riaient, pépiaient, grognaient et braillaient. Celui qui s'était trompé de vœu pouvait recommencer, car le Sorcier était d'excellente humeur. On se remit à danser, et de nouvelles brouettées de crêpes arrivèrent sous les arbres. L'Émule envoya encore des fusées, papa Moumine ouvrit ses Mémoires dans leur belle reliure, et lut à haute voix les histoires de son enfance.

Jamais on n'avait vu aussi belle fête dans la vallée des Moumine.

Et quel délice, quand la fête est finie, quand on a tout mangé et tout bu, quand on a bien bavardé, quand on a les pattes en coton d'avoir trop dansé – quel délice de rentrer chez soi, épuisé, à l'heure silencieuse d'avant le jour ! Le Sorcier s'envole au bout du monde, maman souris retrouve son tunnel, et tous deux sont également heureux.

Mais le plus heureux de tous, c'est peut-être Moumine, qui rentre par le jardin avec sa maman. La lune pâlit devant l'aube, un petit vent frais venu de la mer balaie doucement les arbres, l'automne arrive dans la vallée des Moumine.

Il faut ça, pour que le printemps revienne.

TABLE DES MATIÈRES

Tove Jansson

Née en 1914 en Finlande, à Helsinki, Tove Jansson a écrit tous ses livres en suédois. Illustratrice pour *Garm* (un magazine antifasciste) de 1920 à 1945, elle a étudié dans différentes écoles d'art, à Stockholm, Helsinki et Paris, de 1930 à 1938. Devenue peintre et écrivain, elle a participé à de nombreuses expositions, collaboré à la création d'une bande dessinée et écrit une dizaine de romans, parmi lesquels figurent les aventures de Moumine le Troll, dont elle a tiré un opéra.

Moumine, déjà dessiné par Tove Jansson dans le magazine s*Julen* en 1941, a fait sa première apparition dans *Garm* en 1943. Ce personnage lui a été inspiré par une histoire de fantôme que lui racontait son oncle, et le décor de la vallée des Moumine doit beaucoup aux îles Porvoo, où, enfant, elle passait ses vacances d'été dans une maison de pêcheur.

Lauréate de plusieurs prix littéraires, Tove Jansson est décédée en 2001, à l'âge de 86 ans.

Du même auteur :

L'été dramatique de Moumine
Un hiver dans la vallée de Moumine
Les mémoires de papa Moumine
Papa Moumine et la mer

N° éditeur : 10122774 – Dépôt légal : août 2005
Imprimé en France par Hérissey (Evreux – Eure) en juillet 2005 – N° 99653